大人のための
ビジネス英文法

畠山雄二

くろしお出版

まえがき

これまで私はかなりの数の英文法の本を手がけてきた。どの本もそれなりに好評で出版社に迷惑をかけないほどには売れているようだ。どの本にも共通する点がある。それは解説が充実しているということだ。私の単著であれ、私が編集したものであれ、執筆しているのは英語学のプロ中のプロである。だからこそ、腕を振るってたっぷり解説してもらっている。私は何も間違ったことはしていない。が、北野武の映画を見ていてあることを思った。

私はたけしを崇拝する。ハッキリ言ってたけし信者なところがある。たけしほど才能がある人はいないと思っている。そんな崇め奉るたけしの映画は全部見ている。たけしの映画は、他の監督の映画と違って、説明的でない。インパクトのある映像と音にすべてを語らせる手法をとっている。ある意味、見る者に解釈を任せ、見る者との信頼関係の上に成立する映画であるともいえる。

たけしの映画のような英文法の本があったっていいじゃないか。説明が少なく、インパクトの強い例文があるだけで、わかる人だけがわかる、そんな読者との信頼関係の上に成り立つ英文法の本があったっていいじゃないか。そんな思いがずっとあった。そして、その思いがついに形になった。

本書は、たとえるのもおこがましいが、たけしの映画のような英文法の本だと思っている。例文に語らせ執筆者である私は極力語らないようにしている。私にしてはめずらしく口数の少ない本に仕上がっている。英文法の本は、原則、例文よりも地の文の解説の方が大事である。しかし、この本は例外で、私の説明文より例文の方がはるかに重要である。例文をしっかり読み、その例文から文法を感じとり、そして文法を学びとってほしいと思う。

例文はどれも生の英語で、生の英語であるがゆえに手強いが、そこに文法が息づいているのを十分感じとってもらえるかと思う。この手の生の英語に慣れていない人には例文がかなり難しく感じられるであろう。そのような人は、意訳を手がかりになんとか意味をとってもらえればと思う。そして、地の文で解説されている文法事項を例文で確認してもらいたい。

英語をいちから学び直したいという人には本書は向いていない。ある程度英語を勉強してきてワンランク上を目指している人に向いている。受験英語のその向こう側にある英文法の世界を覗いてみたい人に本書は向いている。生の英語を前に挫折し、生きた英語をどう攻略したらいいのかわからない人、そんな人に本書は向いている。

本書を機に、少しでも時事的な英語が読めるようになり、英文法にさらに関心をもってもらえるようになればこれ幸いである。

2015年　桜色舞うころ

畠山　雄二

目 次

1

ビジネスも英語も文脈を読む力が大切

前置詞の前後に文脈解読のヒントあり

Chinese newspapers played up the landing by Hong Kong activists on one of the Senkaku Islands on Wednesday, running headline stories on the incident on their front pages.

前置詞は、その直後に必ず名詞をとる。その意味では、前置詞は他動詞の親戚みたいなものだ。on the table では前置詞 on が名詞 the table をとり、in the room では前置詞 in が名詞 the room をとっている。前置詞と名詞がセットになったものを前置詞句とよぶが、前置詞句は必ず何かを修飾している。前置詞句が何を修飾しているのか探ること、これが英文読解の基本であり一番難しいところである。

次の何の変哲もない文を見てみよう。

(1) Hatakeyama ate kakino-tanes on the table.

文末に on the table という前置詞句がある。では、この前置詞句がどこを修飾しているのか考えてみよう。前置詞句は原則最寄りのものを修飾する。on the table の直前に kakino-tanes がある。そこで、この kakino-tanes を修飾している可能性について考えてみよう。この場合、すぐ思いつく解釈は「ハタケヤマはテーブルに置いてある柿の種を食べた」というものである。この解釈は自然だし問題ない。この解釈の他にあともう１つ可能な解釈がある。「ハタケヤマはテーブルにくっついている柿の種を食べた」というものだ。前置詞 on には「くっついている」という意味があるからだ。前置詞句 on the table が kakino-tanes を修飾している解釈はこの２つぐらいだろう。

では次に、ate を修飾している可能性について見てみよう。この場合「ハタケヤマはテーブルの上に乗っかって柿の種を食べた」という解釈になるが、これも自然だし問題がない。

どの解釈で解釈したらいいかは文脈で判断するしかない。文脈からハタケヤマがズボラで素行の悪い男だと判断できるのなら、「ハタケヤマはテーブルにくっついている柿の種を食べた」か「ハタケヤマはテーブルの上に乗っかって柿の種を食べた」のどちらかの解釈を選べばいい。

なるほど、文末にある on the table には、直前にある kakino-tanes を修飾する可能性と ate を修飾する可能性の２つがある。では、もう少し離れた主語の Hatakeyama を修飾する可能性はないのだろうか。この場合「テーブルの上にいるハタケヤマが柿の種を食べた」や「テーブルに張り付いているハタケヤマが柿の種を食べた」といった解釈が考えられるが、これはちょっと不自然というかヘンである。実は、この解釈は不自然であるばかりか、文法的にも不可能だったりする。前置詞句 on the table と Hatakeyama が離れすぎていて修飾関係が構築しにくいからだ。

(1) に「テーブルの上にいるハタケヤマが柿の種を食べた」や「テーブルに張り付いているハタケヤマが柿の種を食べた」という意味を

もたせたければ、Hatakeyama on the table ate kakino-tanes としてやるとよい。これだと、逆に、「テーブルの上にいるハタケヤマが柿の種を食べた」や「テーブルに張り付いているハタケヤマが柿の種を食べた」の2つの解釈しかない。ハタケヤマさんが何人も集まっている状況なら「テーブルの上にいるハタケヤマが柿の種を食べた」という解釈も可能であろう。また、ハタケヤマが実はスパイダーマンの「中の人」なら「テーブルに張り付いているハタケヤマが柿の種を食べた」という解釈も可能であろう。

どの解釈が可能で、どの解釈が最終的に選ばれるかは、文脈など総合的に考えて決めるしかない。

前置詞句の修飾についてわかったところで、次の文を見てみよう。

(2) Chinese newspapers played up the landing by Hong Kong activists on one of the Senkaku Islands on Wednesday, running headline stories on the incident on their front pages.
(中国各紙は、水曜日に香港の活動家が尖閣諸島に上陸したことを重要視し、この出来事をトップニュースとして1面にもってきた。)

これは2012年8月17日付のJiji Pressにあった記事からの一節であるが、この1文にonではじまる前置詞句が4つある。on one of the Senkaku Islandsとon Wednesday、それにon the incidentとon their front pagesである。それぞれどこを修飾しているのだろうか。意訳を見ればわかるように、on one of the Senkaku Islandsとon Wednesdayはともにlandingを修飾している。そしてon the incidentは直前のheadline storiesを修飾し、on their front pages

は running を修飾している。

前置詞句がどこを修飾しているかは、実は、話の全体が見えないとわからなかったりする。修飾関係がわかるから話の全体が見えるのではなく、話の全体が見えるから修飾関係がわかるのだ。

では、次のスティーブ・ジョブズ（アップルの元 CEO）のことばを見てみよう。

(3) Many times in an interview I will purposely upset someone: I'll criticize their prior work … I want to see if they just fold or if they have firm conviction, belief, and pride in what they did.
（就職の面接では、よく、私はわざと相手を怒らせる。たとえば、相手の自慢の仕事をこき下ろしたり……私は相手がすぐに折れてしまうのか、それとも、自分がやってきた仕事に対して確固とした自信と信念、それに自負をもっているのか、それを知りたくてそうしているのだ。）

最後に in what they did という前置詞句があるが、これはどこを修飾しているのだろうか。話の流れからわかるように、そして意訳からもわかるように、その前にある firm conviction と belief と pride の３つの名詞すべてを修飾している。直前の pride だけを修飾していると読んではジョブズのしたいことを誤解してしまう。つまり誤読ならびに誤訳してしまう。

では、最後に次の文を見てみよう。

(4) Employing "virtual-reality exposure therapy," researchers at New York Presbyterian Hospital/Weill Cornell Medical Center developed a simulator of the exterior events at Ground Zero for survivors with posttraumatic stress disorder.
(ニューヨーク・プレズビテリアン病院/ワイル・コーネル医療センターの研究者が、virtual-reality exposure therapyという治療法を用いて、生還したけれどその後トラウマを負ってしまった人のために、グランド・ゼロの外で起きたことを疑似体験することができる、そんなシミュレータを開発した。)

これは2006年9月18日号のNewsweekにあった記事(Reliving a Nightmare)からの一節であるが、文末に3つの前置詞句がある。at Ground Zeroとfor survivorsとwith posttraumatic stress disorderだ。さて、それぞれどこを修飾しているのだろうか。話の流れを考えればわかるように、そして常識的に考えればわかるように、さらに意訳を見てもわかるように、at Ground Zeroはthe exterior eventsを、for survivorsはdevelopedを、そしてwith posttraumatic stress disorderはsurvivorsを修飾している。それぞれ「グランド・ゼロの外側で起きた出来事」「生還者のために開発した」「トラウマを負ってしまった生還者」と解釈するのが自然であるばかりかそれ以外考えられないからだ。

駅のトイレの入口で次のような標識を見つけた。

皆さんはこれを見て何も違和感を感じないだろうか。「Restroom Men」をそのまま訳すと「トイレマン」とか「便所男」となってしまう。「男性用トイレ」の意味で書くのならMenの前に前置詞forを入れないといけない。もし標識の上にある男性のイラストを指して「トイレマン」とか「便所男」といっているのならこの標識でも問題がない。ただその時は、「このトイレに便所男出現！要注意！」ぐらいの意味になるが。

2

「お願い」したはずが「命令」に！？

ビジネスシーンで間違えると命取りな have, get, make, let

> *By now, the year-old claim that Apple makes people work on fake products is well-known. How scandalous. To ensure the loyalty of new hires, the company puts them on "dummy" projects before letting them work on the real goods. Too bad it's not true.*

受験英語で目にする得体の知れない用語の１つに「使役」がある。なんのことはない、「使役」とは「人を使って何かをすること」であるが、人をどう使うかによっていくつかのタイプに分けられる。ざっくり分けると強制と許可、それに説得と指示に分けられるが、これからこれら４つをざっくりと解説していきたいと思う。

次の２つの文を見てみよう。

(1) Yuji made Yuriko kiss him.

(2) Yuji let Yuriko kiss him.

上の２つの文は動詞が違うのみであとは全部同じである。(1)を訳すと「ユウジはユリコに無理やりキスさせた」となり、ユウジは悪人というかセクハラおやじである。一方、(2)を訳すと「ユウジはユリコにキスさせてやった」となり、ユウジは善人というかモテ男である。このことからわかるように、makeは強制の使役動詞であるのに対し、letは許可の使役動詞であるのだ。つまり、makeには「ウダウダいわずにやらんか」という強制の意味合いがある一方で、letには「してもいいよ」といった許可の意味合いがあるのだ。makeとletはベクトルがまったく逆であるのだ。

makeとletの意味がざっくりわかったところで、次の例を見てみよう。

(3) What makes an iPhone unlike anything else? Maybe it's that it lets you do so many things. Or that it lets you do so many things so easily.
(iPhoneが他のものと違うところだって？ う〜ん、何でもできちゃうところかな。つーか、あらゆることがチョー簡単にできてしまうことさ。)

これはApple.comにあったiPhone5の宣伝記事(There's iPhone. And then there's everything else)の一節であるが、第2文と第3文に許可の使役動詞letが使われている。誰だっていろんなことを、できればサクサクと、しかもストレスを感じないでやりたい。そして、iPhoneはそれを可能にしてくれる。やりたいことをやらせてくれるもの、それがiPhoneであるからこそ、許可の使役動詞letが使われているのだ。

では、これまでのことを復習するつもりで次の文を見てみよう。

(4) By now, the year-old claim that Apple makes people work

on fake products is well-known. How scandalous. To ensure the loyalty of new hires, the company puts them on “dummy” projects before letting them work on the real goods. Too bad it’s not true.
（アップルでは新入社員にフェイク・プロジェクトに参加させるという噂がかねてよりある。でも本当だろうか。会社への忠誠心を知ろうと、本当の商品開発に携わさせてやる前に、新入社員にウソのプロジェクトに携わらせるというのだが、これはどうも都市伝説のようだ。）

これは2013年2月15日付のGizmodoに掲載された記事（There’s No Such Thing as a Fake Apple Product）の一節であるが、第1文に強制の使役動詞makeが、第3文に許可の使役動詞letが使われている。意訳では前者が「参加させる」に、そして後者が「携わさせてやる」になっているが、そうなっている理由はもうおわかりだろう。**makeには「ウダウダいわずにやらんか」という意味合いが、letには「してもいいよ」という意味合いがある**からだ。

強制の使役動詞makeと許可の使役動詞letについてわかったところで、今度は説得の使役動詞get … to ～と指示の使役動詞haveについて見てみよう。次の2つの文を見てもらいたい。

(5) I got my son to stop doing Twitter.
（なんとかして息子にツイッターをやめさせた。）
(6) I had my daughter bring me an acoustic guitar.
（娘にアコギをもってこさせた。）

(5)では get … to ～が使われているが、意訳を見るとわかるように、「説得して～させる」のニュアンスがある。「まあ、いろいろあるだろうが俺を信じていうとおりにしてくれ」といった空気を感じとってもらえるかと思う。一方(6)では、have が使われているが、意訳からわかるように、説得の意味合いは感じられない。「頼むよ、よろしく！」ぐらいの軽い指示の意味が読みとれるかと思う。get … to ～は説得の使役動詞であるのに対して have は指示の使役動詞であるのだ。

では、get … to ～の説得のニュアンスが感じとれる例をいくつか紹介しよう。次の例を見られたい。

(7) Leadership is the art of getting someone else to do something you want done because he wants to do it.
(リーダーシップというのは、あなたがしてもらいたいことを、あたかも自分がしたくてしたかのように、他人にやるよう仕向ける技量のことである。)

これは第 34 代アメリカ大統領ドゥワイト・アイゼンハワーのことばであるが、なぜ「仕向ける」と意訳しているかもうおわかりであろう。

次の例も見てみよう。

(8) The greatest leader is not necessarily the one who does the greatest things. He is the one that gets the people to do the greatest things.

(最高の指導者とは、偉業を成し遂げられるそんな人だとは必ずしも限らない。偉大な指導者とは、うまく相手をいいくるめて、自分以外の人に偉業をやらせてしまう、そんな人なのである。)

これは第40代アメリカ大統領ロナルド・レーガンのことばであるが、なぜ「うまく相手をいいくるめて」と意訳しているかもうおわかりであろう。(8)は(7)と内容的にも文法的にも似ているが、もしかしてレーガンはアイゼンハワーをパクったのであろうか……。

2012年1月24日に行われた、オバマ大統領の一般教書演説を見てみよう。

(9) We got workers and automakers to settle their differences. We got the industry to retool and restructure.
(なんとか労働者側とメーカー側を和解させました。そして、なんとか産業界を再編成ならびに再構築させました。)

オバマ大統領が大統領に就任した頃、アメリカの自動車産業は死に体(レームダック)状態だった。そんな自動車産業を潰してしまおうという動きがあった。でもオバマ大統領は自動車産業に積極的に働きかけ、なんとか説得して立ち直らせることに成功した。このオバマ大統領の説得が(9)ではget … to ～の形で現れているのだ。

3

「大事なことは‘最後’にいう」これが英語の新常識

文末にひそむ重要なメッセージを見逃すな！

Every once in a while a revolutionary product comes along that changes everything.

高校の英語の授業はもとより、受験英語でも間違って教えられていることの１つに、「英語では大事なことは最初にいう」というのがある。英語では動詞をはじめ否定の not が前の方にくるからなのか、このような迷信がまかり通っている。でも、実は、英語では大事なことは文末にもってこられるのだ。文頭ではないのだ。

次の２つの文を見てみよう。

(1) A man with blond hair came into the room.

(2) A man came into the room with blond hair.

上の２つの文は使われている単語が同じである。違うのは前置詞句 with blond hair の位置である。(1)では修飾先の A man の直後にあるが、(2)では文末にある。実は、この前置詞句の場所の違いが、(1)と(2)に大きなニュアンスの違いを与えている。まず(1)であるが、これは「金髪の男がどうしたのか」を伝えている文である。つまり、金髪の男がギターをぶっ壊したのでなく、タイマンを張ったのでもなく、部屋に入ってきたことを伝えている文である。

一方、(2)であるが、こちらは「どんな様相の男が部屋に入ってきたのか」を伝えている文である。つまり、手に斧をもった男が部屋に入ってきたのでなければ、スキンヘッドの男が部屋に入ってきたのでもなく、金髪の男が部屋に入ってきたことを伝えている文である。これらのことからわかるように、**英語では、一番伝えたいもの、すなわち一番重要なものを文末にもってくる**のだ。**文中にあるものをわざわざ文末にもってきて、そこにスポットライトを浴びさせる言語、それが英語である**のだ。

次の文を見てみよう。

> **(3) I count him braver who overcomes his desires than him who conquers his enemies; for the hardest victory is over self.**
> **(私は、敵を倒せる人よりも、自分の欲望に打ち克てる人の方が勇敢だと思う。なぜならば、己に克つことが一番難しいからだ。)**

これはアリストテレスのことばであるが、I count him braver who overcomes his desiresのところに注目してもらいたい。これはもともとI count him who overcomes his desires braverといった文であった。himを修飾している関係節who overcomes his desiresをわざわざ文末にもってきたのがI count him braver who overcomes his desiresであるが、なぜ関係節をわざわざ後ろにもってきているのかもうおわかりかと思う。強い人はいろいろいるが、その中でもとくに「自分の欲望に打ち克てる(who overcomes his desires)人」が一番勇敢であることを伝えたいからだ。

次の文を見てみよう。

(4) They err who thinks Santa Claus comes down through the chimney; he really enters through the heart.
(サンタクロースが煙突から入ってくると思っている人は間違っているよ。サンタは本当は心から入ってくるのさ。)

この文は音楽関係者のポール・M・エルのことばであるが、They err who thinks Santa Claus comes down through the chimneyに注目してもらいたい。もうお気づきかと思うが、これはもともとThey who thinks Santa Claus comes down through the chimney errといった文であった。そして、(3)と同じように、関係節のwho thinks Santa Claus comes down through the chimneyを文末にもってきている。理由は、おわかりのように、お化けがいるのを信じている人やSTAP細胞があるのを信じている人でなく、「サンタクロースが煙突から入ってくると思っている(who thinks Santa Claus comes down through the chimney)人」が間違っていることを伝えたいからだ。

では、次の文を見てみよう。

(5) Every once in a while a revolutionary product comes along that changes everything.
(時々、革新的な製品が生まれる。しかも、何もかも変えてしまうものが。)

これは2007年1月9日に行われたマックワールドエキスポでのスティーブ・ジョブズの基調講演の一節であるが、もうおわかりの通り、もともとはEvery once in a while a revolutionary product that changes everything comes alongといった文であった。アップル通というかジョブズ信者というかIT業界通の人にはわかるかと思うが、a revolutionary product that changes everything(何もかも変えてしまう革新的な製品)とは他ならぬiPhoneのことである。この(5)をいった後にジョブズはまさにiPhoneを紹介しているのだ。ジョブズは、iPhoneが単なる革新的な製品でなければ、業界に激震を走らせるだけの製品でもなく、まさに「何もかも変えてしまう革新的な製品(a revolutionary product that changes everything)」であることを伝えたく、それで関係節のthat changes everythingを文末にもってきているのだ。

次の文を見てみよう。

(6) More details are emerging about Apple's forthcoming watch, which is targeted for release this year, according to a Bloomberg report this morning and corroborated by our sources.
(近々アップルから出る時計に関する詳しい情報がもうすぐ出そうだ。時計は、今朝のBloombergの報告と私たちの情報筋によると、今年リリースされる予定だ。)

これは2013年3月4日付のThe Vergeにあった記事(Apple's watch will run iOS and arrive later this year, say sources)からの一節であるが、More details are emerging about Apple's forthcoming watchに注目してもらいたい。前置詞句about Apple's forthcoming watch

はMore detailsを修飾している。よって、More details are emerging about Apple's forthcoming watchはもともとMore details about Apple's forthcoming watch are emergingといった文であった。では、なぜ前置詞句を文末にもってきたのだろうか。もちろん、about Apple's forthcoming watchの部分を一番読み手に伝えたかったからだ。つまり、about Apple's forthcoming watchが一番重要な部分であるからだ。前置詞句about Apple's forthcoming watchを文末にもってきたおかげで、whichではじまる関係節でさらに情報を追加することが可能となっている。

最後に、次の文を見てみよう。

(7) We showed you photos a few days ago of what is claimed to be the display covers for the 4.7-inch iPhone 6, which appeared to have slightly curved edges.
(数日前、4.7インチのiPhone 6のディスプレイカバーと思しき写真をご紹介したが、それによるとちょっと角が丸くなるようだ。)

これは2014年7月3日付の9to5Macにあった記事(Video shows how 4.7-inch iPhone 6 screen will feel in the hand)からの一節であるが、前置詞句of what is claimed to be the display covers for the 4.7-inch iPhone 6, which appeared to have slightly curved edgesはphotosを修飾している。よって、(7)はもともとWe showed you photos of what is claimed to be the display covers for the 4.7-inch iPhone 6, which appeared to have slightly curved edges, a few days agoといった文であった。では、なぜ前置詞句を文末に

もってきたのだろうか。もちろん、a few days ago が文末にあると showed を修飾しているのがわかりにくいというのもある。が、of what is claimed to be the display covers for the 4.7-inch iPhone 6, which appeared to have slightly curved edges の部分を一番読み手に伝えたかったからだ。

(3)-(5)の関係節であれ、(2)と(6)-(7)の前置詞句であれ、文末にもってくるのはそこに注目してもらいたいからだ。だからこそ、読み手である私たちも、文末に移動してきているものに最大限の注意を払ってやる必要がある。

さて、関係節や前置詞句が文末にもってこられるのなら、名詞だって文末にもってこられるはずだ。次の文を見てみよう。

(8) I do not bring with me today a definite solution to the problems of war.
(今日私は、ここに、戦争の問題を解決できる決定的な解決案といったものはもってきておりません。)

これはオバマ大統領のノーベル平和賞受賞演説の一節であるが、a definite solution to the problems of war が本来 bring の後ろにあるはずなのに文末にもってこられている。理由はもうおわかりであろう。この名詞に注目してもらいたいからだ。

電車の液晶モニタで次のような車内案内を見つけた。

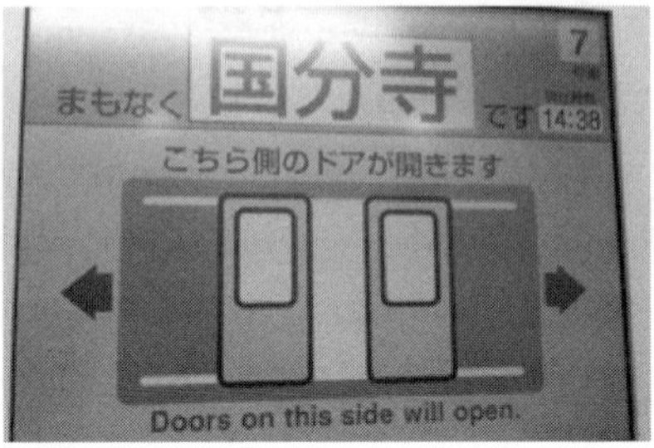

英語として何ら問題ないが、「反対側のドアじゃなくてこちら側のドアが開きますよ」というニュアンスで書いているのなら、読者の皆さんはもうおわかりかと思うが、Doors will open on this side とした方がいい。同じように、次の車内案内にしても、

(9) Doors on the opposite side will open.
(反対側のドアが開きます。)

「こちら側のドアじゃなくて反対側のドアが開きますよ」というニュアンスで書いているのなら、Doors will open on the opposite side と書いた方がいい。

最後に、日本のロックバンド SiM の CD ジャケットに、

(10) Everything is gone but you.

という文言を見つけた。but you(君以外)が everything の後ろから文末に移動している。理由はもうおわかりであろう。ちなみに is gone は go の現在完了形(古語)で「行ってしまった」の意味である。

4

名詞もどきの隠れ動詞にだまされるな！

ぞくぞく生まれる新語をキャッチアップ

> *Here's an amazing experiment to see the differences between feminine beauty "ideals" across different countries: 24-year-old radio journalist Esther Honig had her picture photoshopped by Photoshop artists from 25 different countries.*

STAP 細胞問題以来、アメリカでは riken が動詞として使われることがあるそうだ。もちろん、意味は「科学的なことに関してズルをすること」である。また、事実を捏造して悪口をいったりすることを「朝日る」というとも聞いたことがある。このように、日本語と英語を問わず、名詞が動詞として使われることがよくある。

次の文を見てもらいたい。

(1) A few months ago she Googled the Web and hit on a new company, Extend Fertility.
(数ヶ月前、彼女がウェブを検索したところ、Extend Fertility という新しい会社がヒットした。)

これは 2004 年 8 月 16 日号の Newsweek にあった記事(Fertility and the Freezer)からの一節であるが、固有名詞の Google が動詞として使われている。日本語でも「検索する」の意味で普通に「ググる」が使われている。

次の文を見てみよう。

(2) **The Élysée Palace has hired part-time hip-hop expert Pierre Evil to pen the president's speeches and help zing up the often dry affairs.**
(フランス政府は非常勤でヒップポップスターのピエール・エビルを採用し、大統領のスピーチ原稿を書いてもらうことにした。そうすることにより、無味乾燥の日々の出来事に活気を与えようとしているのだ。)

これは2014年3月12日付のCNBCにあった記事(Hollande hires gangster rap expert to write speeches)からの一節であるが、名詞のpenが動詞のwrite(書く)の意味で使われている。

次の例を見てみよう。

(3) **The earth circles the sun.**
(地球は太陽の周りを回っている。)

ここでは名詞のcircleが「回る」という意味の動詞として使われている。よって(3)は、意味的にはThe earth travels around the sunと同じである。

では、次の文を見てみよう。

(4) Here's an amazing experiment to see the differences between feminine beauty "ideals" across different countries: 24-year-old radio journalist Esther Honig had her picture photoshopped by Photoshop artists from 25 different countries.
(各国における女性の美の「理想型」の違いを知ることができる驚くべき実験がここにある。24 歳のラジオジャーナリスト Esther Honig が 25 カ国のフォトショップアーティストにフォトショップを使って美人にしてもらった。)

これは 2014 年 6 月 27 日付の SPLOID にあった記事(Woman photoshopped to fit the definition of beauty in 25 countries)からの一節であるが、photoshop(アドビシステムズが販売しているビットマップ画像編集ソフトウェア)が動詞として使われている。

次の A と B の会話を見てみよう。

(5) A: Mom, I'm really hungry!
(おかあさん、ぼくお腹ぺっこぺこ！)
B: I'll microwave some pizzas for you.
(じゃ、ピザをチンしてやるよ。)

話者 B では microwave(電子レンジ)が動詞の「チンする」として使われている。

最後に少し手の込んだ例を紹介しよう。

(6) Today, Zimbabwe's economy relies almost exclusively

on the U.S. dollar. But the "dollarization" of its economy has created a new set of problems.
(今日、ジンバブエの経済はほとんどが米ドルに依存している。しかし、ジンバブエ経済の「米ドル化」はいろんな問題を新たに引き起こしている。)

これは2014年1月22日付のCNN Moneyにあった記事(Zimbabwe: Could it be Africa's first cashless economy?)からの一節であるが、dollar(ドル)に -ize がついて dollarize(ドル化する)という動詞になり、これにさらに -tion がついて dollarization(ドル化)という名詞になっている。

動詞に偽装している名詞はよくある。名詞が動詞にコスプレっているのを見かけたらたっぷり鑑賞してやることにしよう。

5

予備知識を総動員して修飾関係を把握する

過去分詞は「近視」、現在分詞は「遠視」

There's a lot of things that happened that I'm sure I could have done better when I was at Apple the first time and a lot of things that happened after I left that I thought were wrong turns, but it doesn't matter.

英文を読んでいて解釈に困ることがある。1つは文の構造がうまくとれないときである。もう1つは分詞や関係節がどこを修飾しているのかイマイチピンとこないときだ。文の構造は、文法の知識を駆使すればなんとかわかるものだ。一方、修飾関係は、文法の知識がいくらあってもなかなかわからなかったりする。修飾関係がわかるためには、記事に対する基礎知識がどうしても必要になってくる。つまり、**何がどこを修飾しているかは、英語力以外の力がないとわからなかったりする**のだ。

次の文を見てみよう。

(1) Google on Thursday unveiled a touchscreen notebook computer designed for high-end users, throwing down a gauntlet for Apple and its MacBooks.
(グーグルは木曜日、アップルとMacBookに対抗すべく、ハイエンドユーザ向けのタッチスクリーン型ノートパソコンを発表した。)

これは2013年2月22日付のThe Sydney Morning Heraldにあった記事('People will give up a MacBook Air for this': Google challenges Apple with high-end laptop)からの一節であるが、この文には分詞が2つある。1つは過去分詞のdesigned for high-end usersで、もう1つは現在分詞のthrowing down a gauntlet for Apple and its MacBooksである。まず過去分詞のdesigned for high-end usersであるが、これは、意訳の「ハイエンドユーザ向けのタッチスクリーン型ノートパソコン」からわかるように、直前のa touchscreen notebook computerを修飾している。一方、現在分詞のthrowing down a gauntlet for Apple and its MacBooksであるが、これはunveiledを修飾している。直前のhigh-end usersではない。ハイエンドユーザがアップルとMacBookに対抗しているわけではないからだ。**過去分詞は原則直前のものを修飾するが、現在分詞は遠く離れたものを修飾したりする。現在分詞を見かけたら、修飾先を少し離れたところまで探すようにしよう。**

もう1つ分詞が修飾している例を紹介しよう。

(2) It's a 2.5-inch, 9.5mm thin model packing 1.5TB, giving your notebook a huge shot of extra storage space while taking up very little physical space.
(それは薄さ9.5mmの2.5型のHDDで、容量が1.5TBあり、物理的にあまりスペースをとることがないばかりか、これでノート型PCはとんでもない容量をもてるようになる。)

これは2013年5月22日付のEngadgetにあった記事(HGST's 1.5TB

laptop drive is the densest hard disk available）からの一節であるが、現在分詞が3つある。packing 1.5TB と giving your notebook a huge shot of extra storage space と while taking up very little physical space である。それぞれどこを修飾しているか見てみよう。まず packing 1.5TB であるが、これは直前の a 2.5-inch, 9.5mm thin model を修飾している。容量が 1.5TB あるのは薄さ 9.5mm の 2.5 型の HDD（a 2.5-inch, 9.5mm thin model）以外ありえないからだ。

次に giving your notebook a huge shot of extra storage space の修飾先について考えてみよう。これは a 2.5-inch, 9.5mm thin model packing 1.5TB を修飾している。が、厳密にいうと 1.5TB である。なぜならば、容量が 1.5TB あるからノート型 PC はとんでもない容量をもてるからだ。

最後、while taking up very little physical space であるが、これはその前文 It's a 2.5-inch, 9.5mm thin model packing 1.5TB, giving your notebook a huge shot of extra storage space 全体を修飾している。が、厳密にいうと 9.5mm である。なぜならば、物理的にあまりスペースをとらないのは、厚さがたった 9.5mm しかないからだ。

このように、**現在分詞は直前のものを修飾していることがあれば、先行する文全体ならびにその一部のみをピンポイントで修飾することもある**。現在分詞の修飾先を見つけ出すのは骨の折れる仕事である。

分詞による修飾を見てきたところで、今度は関係節による修飾を見てみよう。

(3) The phone that never was from the company that is no longer is allegedly one of only seven units made, and is touted as having an 8-megapixel shooter and 16 gigs of storage.

(そのスマホは当該の会社から発売されてはいないし、その会社も今では存在していないが、そのスマホは伝えられるところによると、7個あるプロトタイプのうちの1つで、8メガピクセルのカメラと16GBの内蔵ストレージを備えていたようだ。)

これは2013年2月28日付のEngadgetにあった記事(Sony Ericsson Windows Phone prototype hits eBay, reminds us sliders existed)からの一節であるが、関係節が2つある。that never was from the company と that is no longer である。**関係節は過去分詞と同様に、原則、直前にあるものを修飾する**。よって、that never was from the company は The phone を、that is no longer は the company を修飾する。

何事にも例外があり、関係節の修飾にも例外がある。遠く離れたものを修飾することがあるのだ。次の文を見てみよう。

(4) There's a lot of things that happened that I'm sure I could have done better when I was at Apple the first time and a lot of things that happened after I left that I thought were wrong turns, but it doesn't matter.

(私がアップルにいた時に起こったことで、私だったらもっとうまくやれたと思うことはたくさんありますし、私がアップルを去った

後に起きたことで、舵を間違った方に切ったなと思うこともたくさんあります。でも、そんなことはどうでもいいことなのです。)

これはスティーブ・ジョブズとビル・ゲイツが2007年に対談したときのもので、ITジャーナリストのウォルト・モスバーグがジョブズに質問し、それにジョブズが応えたときのものだ。ここには関係節が4つ見られる。that happenedとthat I'm sure I could have done better、そしてthat happened after I leftとthat I thought were wrong turnsだ。よく読むとわかるように、そして意訳を見ればわかるように、これら4つの関係節はどれもa lot of thingsを修飾している。つまり関係代名詞thatの先行詞はどれもa lot of thingsであるのだ。連続した2つの関係節が先行する1つの名詞句を同時に修飾しているのである。

前置詞句がどこを修飾しているのかを見分けるのはなかなか難しい(1節を参照)。それと同じくらいか、あるいはそれ以上に、分詞や関係節がどこを修飾しているかを見分けるのもなかなか難しい。とかく修飾関係を見分けるのは難しい。

6

名文とキャッチコピーに見る英語の遊び心（1）

商談相手のことばの端々にも隠れているかも

Even your closest friends won't tell you.

　ほとんどの単語がいくつかの意味をもっている。1つしか意味をもたない単語というのはおそらくないであろう。いくつも意味をもっているからこそ、誤解が生じたりもするが、それを逆手にとって、ちょっとしたことば遊びができたりもする。そして、そのことば遊びを巧みに使ってキャッチコピーなどがつくれたりもする。

　次の会話を見てみよう。

（1）Press: How did you find America?
（記者：アメリカはどうでしたか？）
John: Turn left at Greenland.
（ジョン：グリーンランドを左に曲がったらあったよ。）

これは、記者とジョン・レノンの会話である。ジョンが記者の問いを字義通り「アメリカをどうやって見つけたの？」ととって受け応えているのがミソである。ジョンは記者をおちょくっているのである。

　同じような例だが、さらにウィットに富んだ例を紹介しよう。

(2) There are only 10 types of people in the world: Those who understand binary, and those who don't.
(この世界には2種類のタイプの人しかない。2進法を理解できる人とそうでない人。)

これは名無しのことばであるが、計算機科学やプログラミングの世界ではよく知られたものである。私は2進法を(そこそこ)理解できるので意訳では10 typesを「2種類」と訳したが、2進法を理解できない人は10 typesを「10種類」と訳してしまうことであろう。でも、「10種類」と訳してしまうと後半話がつながらない。「10」は2進法で「2」である。だからこそ、10 typesを「2種類」と解釈できる人(つまり2進法を理解できる人)だけがこの文のオチを楽しめるというわけだ。

このような意味の二面性でなく音声の二面性を使ったことば遊びもある。

(3) Wii would like to play.
(Wiiは遊びたい。)

これはNintendo Wiiのキャッチコピーであるが、もうおわかりのように、WeとWiiをかけている。WeとWiiがたまたま発音が同じで単語も似ているからこそキャッチーなものになっている。

同じようなものに次のようなものがある。

(4) iThink, therefore iMac.

（我思う、ゆえに私は iMac。）

これはアップルのキャッチコピーであるが、おわかりのように、次のデカルトの名言をパクっている。

(5) I think, therefore I am.
（我思う、ゆえに我あり。）

パクリというよりもパロディであるが、非常にキャッチーなものになっている。ちなみに、(5)のいわんとしていることは、次のデカルトのことばから理解できるであろう。

(6) Except our own thoughts, there is nothing absolutely in our power.
（己の思考以外、我々の力のなかで完璧なものなど1つもない。）

では、次の文を見てみよう。

(7) Even your closest friends won't tell you.
（一番親しい人でも教えてくれない。）

これはリステリンのマウスウォッシュの宣伝文句である。もうおわかりかと思うが、closest friends を「親友」と「至近距離にいる友人」の2つの意味にとらせている。どちらの意味でとっても十分意味が通じ、しかもマウスウォッシュの必要性を十二分にアピールできている。秀逸ということば以外のものが見つからないほどのできである。すばらしい。

さて、このように意味や音声の二面性を使ったキャッチコピーがよくあるが、科学記事のタイトルにも似たようなものがある。

(8) Real Rhapsody in Blue
(まさにラプソディ・イン・ブルー)

これは2003年12月1日号のNewsweekにあった記事のタイトルである。共感覚を扱った記事であるがタイトルが秀逸である(共感覚とは、音を聞くと色が見えたり、色を見ると味がしたりする特殊な感覚のこと)。Rhapsodyは音に関することばでBlueは色に関することばである。まさに、色の中に音があることをタイトルでうたっている。しかも、Rhapsody in Blueはジョージ・ガーシュインの曲のタイトルでもある。

次のものは2006年10月号のScientific Americanに掲載された記事のタイトルである。

(9) Cotton-Picking Results
(つまらない結果)

遺伝子組み換えを扱った記事で、綿花を遺伝子組換えしても結局害虫とのイタチごっこで採算がとれないという話である。Cotton-Pickingには文字通り「綿花の収穫」という意味がある。しかし、辞書をひくとわかるように、Cotton-Pickingには「つまらない」という意味もある。タイトルを見ただけで記事の結論までわかってしまうのである。すごいタイトルである。

最後に、次のものを見てみよう。

(10) Magical Mushroom Tour
(マジカルマッシュルーム・ツアー)

これは2006年9月号のScientific Americanに掲載された記事のタイトルで、マジックマッシュルーム(幻覚キノコ)を扱ったものである。音楽に詳しい人ならわかるように、ビートルズのアルバムに『Magical Mystery Tour』というのがある。ビートルズ全盛の頃、若者はLSDなどに嵌《はま》っていた。Magical Mushroom Tourというタイトルは、ビートルズ通で、ビートルズ全盛の頃のヒッピー文化を知る人には、思わずニヤけてしまうものになっている。

キャッチコピーやタイトルに隠された遊び心がわかるためにも、英語の知識はもちろんのこと、いろんなことを知っておく必要がある。

7

単なる数字データにホットな感情を込めるには？

100しか？　100も？　この表現で思いをアピール

Google could generate as much as $5 billion in revenue from selling advertisements on its search engine on tablet devices in 2013, according to a new report by Marin Software, one of the top firms that helps advertisers to buy Web-search ads.

私たち人間は感情の生き物である。自分で意識しないと、そして努力しないと、実は論理的に、かつ理性をもって考えることはできなかったりする。私たちは感情の動物であるからこそ、いろんなものに感情を込めたくなる。数値は客観的なものである。客観的なものであるからこそ、数値に感情を盛り込んで熱く語りたくなったりもする。では、数値に私情を紛れ込ませるにはどうしたらいいのだろうか。その時に使う文法事項、それが同等比較である。

次の例を見てみよう。

(1) Apple Discloses Government Requests on as Many as 10,000 Accounts
(1万ものアカウントの情報を提出するよう、政府から要請があったとアップルが告白)

これは2013年6月17日付のAllThingsDにあった記事のタイトル

であるが、意訳の「1万もの」のところに注目してもらいたい。「も」がついているところからわかるように、「1万」を強調している。「1万」という数がものすごく多いということを暗にアピールしているのである。では、この「も」は(1)のどこを訳したのだろうか。勘のいい人ならわかるように、まさに同等比較のas Many asのところである。**'as {many/much/few/little} as 数値' は数値を強調した表現である**のだ。「同等比較表現」とよばれていながら、実は「同等」や「比較」の意味合いはどこにもないのだ。

(1)から私情を取り除きたければ、as Many asをカットして、Apple Discloses Government Requests on 10,000 Accountsとすればよい。as many as ～を「～と同じだけ」と訳す必要がなければ、無視していいほど無意味なものでもないのだ。

次の文を見てみよう。

(2) But environmentalists point to a real-life bogey in the strait: an underwater fault that caused a 1908 quake, killing as many as 100,000 people in Messina.

(でも、環境保護論者たちは、実際問題として、メシア海峡には脅威が横たわっていることを指摘する。それは、1908年の地震を引き起こした海底にある断層のことである。この地震によって、メシアで10万人もの人の命が失われたのだ。)

これは2003年9月号のNational Geographicにあった記事(Monster Bridge for Italy?)の一節であるが、ここにも同等比較の表現as many as 100,000 peopleが見られる。as many asはなくても構わない。それにもかかわらず入れているのは、他ならぬ、10万という数を強調したいからだ。すなわち、10万人というとてつもなく多くの人の命が失われたことを強調したいからだ。意訳ではそのあたりのことを踏まえて「10万人もの人の命」としている。

では、次の文を見てみよう。

(3) Google could generate as much as $5 billion in revenue from selling advertisements on its search engine on tablet devices in 2013, according to a new report by Marin Software, one of the top firms that helps advertisers to buy Web-search ads.
(オンライン広告プラットフォームを提供しているトップ企業の1つ、マリンソフトウェアの最近の調査によると、グーグルは、2013年、タブレットを使った検索だけで50億ドルもの広告費を稼いだようだ。)

これは2013年2月12日付のWSJ BLOGSにあった記事(Report: Google Search Will Generate $5 Billion From Tablets)の一節であるが、as much as $5 billionという同等比較の表現が使われている。as much asがなくても十分意味が通じるのにあえてas much asを入れている。理由は、もうおわかりのように、50億ドル($5 billion)という額がいかに大きいかをアピールするためだ。

今度は、少ないことをアピールしている例を見てみよう。

(4) Based on a survey of more than 1.1 million people, an

investigation led by Daniel F. Kripke of the University of California at San Diego found that people who slept at least eight hours a night had a higher risk of dying within six years than those who said they slept less, even as few as five hours.
(カリフォルニア大学サンディエゴ校のダニエル F. クリプキを中心とした研究チームが、110万人以上の人を対象にした実験に基づいて、次のことを発見した。一晩に最低でも8時間寝る人は、8時間も寝ない人、あるいは5時間しか寝ない人と比べても、向こう6年間以内に死ぬ確率がずっと高い。)

これは2002年4月号のScientific Americanにあった記事(Early to Rise)の一節であるが、as few as five hoursといった同等比較の表現が見られる。「5時間」がいかに少ないかをas few asを使ってアピールしている。意訳では「5時間」に「しか」をつけて少なさを強調した表現にしている。

最後に、次の例を見てみよう。

(5) Porcu says that as many as 80 percent of eggs survive the freeze, and pregnancy rates, while variable, can be as high as 20 percent.
(卵子のなんと80%が冷凍に耐えうることができ、さらに、妊娠率であるが、これはケース・バイ・ケースではあるが、20%にものぼるのだとポルキュはいっている。)

これは2004年8月号のNewsweekにあった記事(Fertility and the

Freezer）の一節であるが、卵子凍結を使った生殖医療を扱ったものである。医療として使うには成功率80％という数値は低いと思う。ましてや妊娠率が20％というのもこれまた低すぎると思う。でも、ここではあえて同等比較のas many asとas high asを使って、80％と20％という数値がいかに高いかというのをアピールしている。この同等比較の強調のニュアンスをうまく引き出すために、意訳では「なんと80％が」と「20％にものぼる」としている。80％や20％という数値でも高いといえるほど、卵子凍結を利用した生殖医療は難しいのである。同等比較のもつ強調のニュアンスがちゃんとわかってこそ、記事を正確に読めるようになるというものだ。

8

命令文＋andで英語も仕事も「為せば成る」

バリエーション豊かな類似表現を自在に使いこなす

> *Programming is like sex. One mistake and you have to support it for the rest of your life.*

高校の英語の授業で、次の英文は、

(1) Work hard and you will be promoted.

次のように訳すというか解釈すると習ったかと思う。

(2) しっかり仕事しろよ。そうすれば昇進できるさ。

たしかに(1)は(2)のように訳せるというか解釈できるが、それは、(1)が次の文をベースにしてつくられているからだ。

(3) If you work hard, then you will be promoted.

つまり、(1)のWork hardは(3)の条件節(つまりif節)に相当しているのだ。このように**if節が命令文に化けているのがいわゆる「命令文＋and」である**のだ。

では、このことを踏まえた上で次の文を見てもらいたい。

(4) Hard work and you will be promoted.

実はこれも(2)のように訳せるというか解釈できる。つまり、(4)は(1)と意味がほとんど同じであるのだ。ただし、もうお気づきのように、(4)では Hard work(一生懸命仕事すること)という名詞で文がはじまっている。このことからわかるように、**「命令文 ＋ and」というのはあくまでも 1 つの形にすぎず、「名詞 ＋ and」という別バージョンもある**のだ。

では、これらのことを踏まえた上で、次の文を見てもらいたい。

(5) Programming is like sex. One mistake and you have to support it for the rest of your life.
(プログラミングはセックスみたいなものだ。1 つのミスで残りの人生すべてをそのためにサポートしないといけなくなる。)

これはプログラマーの Michael Sinz のことばであるがウィットに富んでいる。プログラマーならびに、できちゃった婚をした人には(5)のいわんとしていることがよくわかるのではなかろうか。

さて、もうお気づきかと思うが、One mistake and you have to support it for the rest of your life の One mistake のところが(4)の Hard work に相当している。(5)を正しく、しかもすばやく理解するためには、実は、これだけのことを知っていないといけないのだ。

「命令文 +and」とペアで覚えておきたいものがもう 1 つある。受験勉強をちゃんとやった人ならもうおわかりの通り、「命令文 +or」である。次の文を見てみよう。

(6) Work hard or you won't be promoted.

これは次のように訳されるというか解釈できるが、

(7) しっかり仕事しろよ。じゃないと昇進できないぞ。

命令の意味は命令文しか出せないわけじゃない。mustを使った文でも十分出せる。だからこそ、第35代アメリカ大統領ジョン・F・ケネディの次のことばは、

(8) Mankind must put an end to war, or war will put an end to mankind.

次のように訳すなり解釈することができるのだ。

(9) 我々人間が戦争を終わりにしなければ、戦争が我々人間を終わりにしてしまうだろう。

ひねりも何もないストレートなものだと、アメリカの実業家ジャック・ウェルチの次のことばがあるが、

(10) Control your own destiny or someone else will.
(自分の人生は自分で管理しろ。じゃないと、他人がお前の人生を管理するようになってしまう。)

内容的には次のスティーブ・ジョブズのことばと相通じるものがある。

（11）Your time is limited, so don't waste it living someone else's life.
（時間は限られている。だからこそ、他人の人生を生きて自分の時間を無駄に過ごしてはならない。）

上のジョブズのことばには、living someone else's lifeのところに、受験英語でおなじみの同族目的語構文が見られる。

最後に、次の文を見てみよう。

（12）You can make history, or be vilified by it.
（私たちは歴史をつくることができるのです。もしできなければ、歴史に嗤われるでしょう。）

これは2014年9月23日に、レオナルド・ディカプリオ（俳優・国連平和大使）が国連気候変動サミットで講演したときの原稿の一節である。命令形でなくYou canではじまる文になっているところがいい。地球温暖化をくいとどめるのはみんなの問題であり、やればできるんだという気持ちがYou canとなって現れているのだろう。

受験英語を侮るなかれ。でも、受験英語を知っているだけじゃ英語を正確かつ精確に読むことはできない。1つの意味がいろんな形で表されることを知らずして、英語を正しく、そして素早く読むことは不可能である。

9

知りたい情報と言いたいことは最後にある

文末に行くほど重要度は高く鮮度は新しい

On the back cover of their final issue was a photograph of an early morning country road, the kind you might find yourself hitchhiking on if you were so adventurous.

エリック・シュミットといえば、言わずと知れたGoogle社の元CEO(最高経営責任者)である。また字句解析器生成プログラム lexの共同開発者としても知られている。さて、このシュミットのことばに次のようなものがある。

(1) Out of the conversation comes innovation.
(イノベーションは会話から生まれる。)

上の文は、もともと次のような文であった。

(2) Innovation comes out of the conversation.

なぜ、わざわざ動詞(comes)を軸に主語(Innovation)と場所の表現(out of the conversation)の位置を逆転しているのだろうか。

次の2つの文を見比べてもらいたい。

(3) Hatakeyama walked into the live house.

(4) Into the live house walked Hatakeyama.

3節で見たように、**英語は文末にフォーカスを置く言語である**。よって、(3)は「ハタケヤマが歩いてどこに入っていったのか」を問題にしている文であるのに対して、(4)は「ライブハウスに歩いて入っていったのは誰なのか」を問題にしている文である。したがって、(3)はしいて訳すと「ハタケヤマはライブハウスに歩いて入っていった」となり、(4)は「そのライブハウスに歩いて入っていったのはハタケヤマだ」となる。

次の文はスティーブ・ジョブズのスピーチの一節である。言わずと知れた、2005年6月に行われたスタンフォード大学の卒業式での講演の一節である。

(5) On the back cover of their final issue was a photograph of an early morning country road, the kind you might find yourself hitchhiking on if you were so adventurous.
(最終号の裏表紙には、早朝の田舎道の写真があったのだが、それはちょうど、あなたが冒険心をもっていてヒッチハイクしていたら目にするようなものであった。)

この一節はもともと次のようなものであった。

(6) A photograph of an early morning country road, the kind you might find yourself hitchhiking on if you were so

adventurous, was on the back cover of their final issue.

(3)-(4)と同じように、(5)と(6)でも動詞(was)を軸にして主語(a photograph of an early morning country road, the kind you might find yourself hitchhiking on if you were so adventurous)と場所の表現(on the back cover of their final issue)の位置が逆転している。

(1)や(4)、そして(5)のように、よく動詞を軸にして主語と場所の表現の位置が逆転するが、この位置の逆転現象が生じるためには、いくつかの必要条件を満たす必要がある。

上で軽く触れ、3節で詳しく触れたように、英語では、フォーカスを置きたい表現を文末にもってくる。つまり、一番伝えたいものを文末にもってくる。一般的に、書き手が一番伝えたいもの、それは読み手が知りたそうな情報であり、その手の情報はよく不定冠詞を使って表される。なぜならば、不定冠詞をともなった表現は情報の鮮度が高く、情報価値が高いからだ。このことからわかるように、一般的な傾向として、不定冠詞aをともなった表現は文末に現れやすい。だからこそ、(5)のように、不定冠詞のついた主語をあえて文末にもってきているのだ。

(5)では、主語を文末にもってきた結果、場所の表現(on the back cover of their final issue)が文頭に現れている。この場所表現には、the back coverのtheを見ればわかるように定冠詞がついている。定冠詞は既知の情報を伝えるときによく使われる。また、既知の情報は、既知であるがゆえに、情報の鮮度が低く情報価値も高くない。これらのことからわかるように、**英語では、読み手にとって情報価値の低い既知の情報を文頭にもってくる**傾向がある。だからこそ、(1)のシュミットのことばにせよ、(4)にせよ、定冠詞のついた場所表現をわざわざ文頭にもってきているのだ。このように、主語と場所の表現に見られる位置の逆転現象には、情報の鮮度と価値といったものが大きく絡んでいる。

卑近な例に次のような文があるが、

(7) This is a pen.

これがなぜ(8)のようにはならないかもうおわかりであろう。

(8) ×A pen is this.

ちなみに、(7)は文法的な文ではあるが、日常生活で使うことはまずない。なぜならば、(7)を使おうと思ったら、書き手か読み手のどちらかがペンとは何かを知らないことになるが、そういった状況はちょっと考えられないからだ(しいて使える状況をあげると、話し手か聞き手のどちらかがボケているか、両方がボケている場合である)。

これらのことを踏まえた上で、次の文を見てみよう。

(9) From the turmoil of the Industrial Revolution came a system of public high schools that prepared our citizens for a new age.
(産業革命のゴタゴタから公立高校のシステムが生まれ、そしてそのシステムから私たち市民は新しい時代に対する準備ができるようになった。)

これは2009年2月24日に行われた、バラク・オバマ米大統領の施政方針演説の一節であるが、もともとは次のような文であった。

(10) A system of public high schools that prepared our citizens for a new age came from the turmoil of the Industrial Revolution.

ここでも、動詞(came)を軸にして主語(a system of public high schools that prepared our citizens for a new age)と場所の表現(from the turmoil of the Industrial Revolution)の位置が逆転している。主語のa system ～には不定冠詞がついているのに対して、場所の表現from the turmoilには定冠詞がついているからだ。つまり、情報の鮮度の高いものを文末に、そして情報の鮮度の低いものを文頭にもってくるために、わざわざ(10)を(9)のように置き換えているのだ。

もう1つ例を見てみよう。

(11) Out of clutter find simplicity; from discord find harmony; in the middle of difficulty lies opportunity.
(ゴチャゴチャしたものの中から簡潔性を見いだし、不調和の中から調和を見いだせ。困難さの中にチャンスはあるのだ。)

これはアインシュタインのことばであるが、最後のin the middle of difficulty lies opportunityを見てもらいたい。これはもともと(12)のような文であった。

(12) Opportunity lies in the middle of difficulty.

ここでは動詞(lies)を軸にして、主語(opportunity)と場所の表現(in the middle of difficulty)の位置が逆転しているが、理由は、情報の鮮度の高いものを文末に、そして情報の鮮度の低いものを文頭にもってくるためだ。(11)の前半2つの文Out of clutter find simplicityとfrom discord find harmonyについては27節であらためて解説する。

スティーブ・ジョブズの有名なことばに、Stay Hungry, Stay Foolishがある。実はこのことば、スタンフォード大学の卒業式での次の一節にもとづいている。

(13) Beneath it were the words: “Stay Hungry, Stay Foolish.”
(その下に次のようなことばがあった。「貪欲であれ、そして無知であれ。」)

ここでも動詞を軸に主語と場所の表現の位置が逆転しているが、理由はもうおわかりであろう。ポイントは、代名詞は定冠詞をともなった名詞と機能的に同じだということだ。

ちなみに、(13)の代名詞itはThe Whole Earth Catalogという雑誌の最終号の背表紙にある写真を指している。したがって、Stay Hungry, Stay Foolishということばは、実は、その雑誌の編集長のスチュアート・ブランドのことばだったりする。スティーブ・ジョブズのことばではないのだ。

10

その構文、書き換えてはいけない！

似ていても違う。構文の数だけ意味・ニュアンスがある

> *Publish an app in the Windows Store by June 30 and Microsoft will give you a $100 Visa card.*

高校の頃、よく構文の書き換えの練習をしたことと思う。たとえば、(1)を(2)に、そして(2)を(1)に書き換える練習をしたことと思う。

(1) Saito sent an e-mail to Hatakeyama.

(2) Saito sent Hatakeyama an e-mail.

この書き換えには暗黙の、しかも大きな前提がある。それは、(1)と(2)の意味が同じだということだ。なぜならば、(1)と(2)の意味がもし違うのであれば書き換えはできないからだ。

さて、(1)と(2)であるが、実は意味が違う。厳密にいうとニュアンスが違う。したがって、(1)を(2)に、そして(2)を(1)に書き換えることは、本当は、できない。私たちは高校の英語の授業でウソを教えられてきたのだ。

(1)と(2)はどう意味が違うのだろうか。意味の違いは和訳に出るはずだ。そこで、ニュアンスの違いに注意して(1)と(2)を訳してみよう。(1)は(3)のように、(2)は(4)のように訳せる。

(3) サイトウがメールをハタケヤマに送った。

(4) サイトウがハタケヤマにメールを送った。

「えっ？　(3)と(4)って同じ意味じゃね？」と思ったあなた、もう一度(3)と(4)を読んで微妙なニュアンスの違いを感じとってもらいたい。よく考えるとわかるように、(3)はサイトウが誰にメールを送ったかを問題にしている文であるのに対して、(4)はサイトウがハタケヤマに何を送ったのかを問題にしている文である。つまり、**日本語では動詞の直前にある単語にスポットライトがあたっている**のだ。

文の要素の中で一番スポットライトがあたっているものが否定のターゲットになる。このことを踏まえて(5)と(6)を見てもらいたい。

(5) サイトウがメールをハタケヤマに送らなかった。

(6) サイトウがハタケヤマにメールを送らなかった。

(3)の否定文(5)では動詞の直前にある「ハタケヤマに」が否定されている。同じように、(4)の否定文の(6)でも動詞の直前にある「メールを」が否定されている。このことからも、あらためて、日本語では動詞の直前にある単語にスポットライトがあてられていることがわかるかと思う。

では、英語では文のどこにスポットライトがあたっているのだろうか。(3)でスポットライトがあたっている「ハタケヤマに」は(1)の英文では文末にある。同じように、(4)でスポットライトがあたっている「メールを」も(2)の英文では文末にある。このことからわかるように、**英語では文末にある単語にスポットライトがあたってい**

るのだ(3節も参照)。

(1)では文末にある to Hatakeyama に、同じく(2)でも文末にある an e-mail にスポットライトがあたっている。(1)と(2)では聞き手に注目してもらいたい箇所が違うのだ。その意味では、(1)と(2)は意味が違う。厳密にいうとニュアンスが違う。だからこそ、(1)を(2)に、そして(2)を(1)に書き換えることは本当はできないのだ。

(1)と(2)には、さらなる、しかも大きな意味の違いがある。(1)はたんにサイトウがハタケヤマにメールを送ったことしかいっていないが、(2)はサイトウがハタケヤマにメールを送り、ハタケヤマがメールを受信して最終的にメールを読んだことまでいっている。だからこそ、(7)は問題ない文であるが、(8)は矛盾を含む問題のある文である。

(7) Saito sent an e-mail to Hatakeyama, but he has not received it yet.

(8) ×Saito sent Hatakeyama an e-mail, but he has not received it yet.

(1)と(2)には、スポットライトのあたる場所の違いだけでなく、どこまで意味するかという違いまであるのだ。だからこそ、(1)を(2)に、そして(2)を(1)に書き換えることはできないのだ。

send は(1)と(2)の文型をもつが、give も同じように(1)と(2)の文型をもつ。したがって、give にも send に見られる特性がある。それを踏まえた上で次の文を見てみよう。

(9) Publish an app in the Windows Store by June 30 and Microsoft will give you a $100 Visa card.
(6 月 30 日までにウィンドウズストアでアプリを公開すれば、マイクロソフトからアプリ 1 本につき 100 ドル分のビザ・カードがゲットできる。)

これは2013年3月21日付のArs Technicaにあった記事(Microsoft's $100-per-app bounty is both too much and not enough)からの一節であるが、意訳の「ゲットできる」に注目してもらいたい。なぜ「ゲットできる」と訳しているかもうおわかりかと思う。(9)は形としては(2)と同じである。よって、100 ドル分のビザ・カードを最終的に手にできることが完全に保証されている。だからこそ、「あげる」と訳さずあえて「ゲットできる」と訳しているのだ。ちなみに、(9)の文はいわゆる「命令形＋ and」の文であるが、このタイプの文については8節を参照。

記事のタイトルのMicrosoft's $100-per-app bounty is both too much and not enoughにもちょっと注目してもらいたい。とくにboth too much and not enoughのところに注目してもらいたい。100 ドルといえばそれなりの額(too much)である。でも、100 ドルでは十分な額ではない(not enough)のだ。なぜならば、アプリを公開するにあたり、ウィンドウズストアに登録する必要があるのだが、そのために個人では 49 ドル、法人だと 99 ドル払わないといけないからだ(Developers must pay the $49 (for individuals) or $99 (for companies) fee to be listed on the store)。だからこそ、「それなりの額だが十分な額ではない(both too much and not enough)」のだ。

次の例を見てみよう。

(10) Jeff Weiner Just Gave Every LinkedIn Employee An iPad Mini
(LinkedIn の全社員が iPad Mini をゲット！ Jeff Weiner がプレゼント！)

これは2013年2月13日付のBusiness Insiderにあった記事のタイトルであるが、ここでも意訳に注意してもらいたい。なぜあえて「ゲット」と訳しているかもうおわかりかと思う。

最後に次の文を見てもらいたい。

(11) Joe Walsh Says Duane Allman Taught Him Slide Guitar

これは2012年6月8日付のギブソン(アメリカのギターメーカー)のウェブサイトにあった記事のタイトルであるが、ジョー・ウォルシュはスライド・ギター(ボトルネックを使ったギターの奏法)がメチャクチャうまい。完全に自分のものにしている。だからこそ、(2)と同じ文型で書いているのだ。もしJoe Walsh Says Duane Allman Taught Slide Guitar to Himと書いてあったら、ウォルシュはスライド・ギターを必ずしもマスターしていないことになってしまう。これは事実に反する。だからこそ、あえて(11)のように書いているのだ。

ちなみに、私は息子にアコースティック・ギターの弾き方を教えてやったのであるが、息子はアコギが弾けるようにはならなかった。

したがって、この状況を英語にするとなると、(12)ではなく(13)のようになる。

(12) I taught my son how to play the acoustic guitar.

(13) I taught how to play the acoustic guitar to my son.

構文の数だけ意味がある。構文の書き換えは原則できないと考えておいた方がよい。

11

誰でも知ってるand, but, orは頼れる助っ人

「同じタイプどうしをつなぐ」で文の構造がわかる

We have been and will continue working with our allies and partners in the Six-Party Talks as well as other members of the U.N. Security Council in the days ahead.

等位接続詞(and, but, or など)には最大限の注意を払ったほうがいい。**等位接続詞は原則、同じタイプのものどうしを結びつける**。したがって、片一方が名詞句ならもう片一方も名詞句でないといけない。同じように、片一方が動詞句ならもう片一方も動詞句でないといけない。この原則をもとに、等位接続詞が使われている文の構造を暴きだすのが何よりも肝心だ。この地味な作業が瞬時のうちに、しかも正確にできるか否かが、英文読解上達の要諦でもある。等位接続詞が何と何を結びつけているのか完璧にわからないと正確かつ精確な読みはできない。

次のスティーブ・ジョブズのことばを見てみよう。

(1) Design is not just what it looks like and feels like. Design is how it works.
(デザインとはどう見えるかとかどう感じるかとかそういった話ではない。デザインとはどう機能するかということだ。)

第 1 文 Design is not just what it looks like and feels like に等位接続詞の and があるが、これは looks like と feels like を結びつけている。looks like と feels like はともに動詞句であるばかりか形も似ている。また、looks like と feels like の共通の主語が it であり、前置詞 like の共通の目的語が Design is not just what の what である。

今度はウォルト・ディズニー(「ミッキーマウス」の生みの親)のことばを見てみよう。

(2) The way to get started is to quit talking and begin doing.
(スタートをきるにはしゃべるのをやめ、そして行動することだ。)

等位接続詞 and は quit talking と begin doing の 2 つを結びつけている。quit talking と begin doing はともに動詞句であるばかりか形も似ている。そして、不定詞の to が 2 つの動詞句 quit talking と begin doing をとっている。

アルベルト・セント・ジョルジ(ビタミン C を発見した生理学者)の次のことばを見てみよう。

(3) Discovery consists of seeing what everybody has seen and thinking what nobody has thought.
(誰もがこれまで見てきたことを見て、誰もこれまで考えたことがないことを考えると発見につながる。)

等位接続詞 and は seeing what everybody has seen と thinking

what nobody has thought を結びつけている。 seeing what everybody has seen と thinking what nobody has thought はともに動名詞で前置詞 of の目的語として機能している。また、形も似ている。

次に、ビル・ゲイツのことばを見てみよう。

(4) We always overestimate the change that will occur in the next two years and underestimate the change that will occur in the next ten.

(私たちは、常に、向こう2年で起こる変化を過大評価し、向こう10年で起こる変化を過小評価する。)

等位接続詞 and は、overestimate the change that will occur in the next two years と underestimate the change that will occur in the next ten を結びつけている。overestimate the change that will occur in the next two years と underestimate the change that will occur in the next ten はともに動詞句であるばかりか形も似ている。副詞の always はこの2つの動詞句を修飾している。

では、次の文を見てみよう。

(5) We have been and will continue working with our allies and partners in the Six-Party Talks as well as other members of the U.N. Security Council in the days ahead.

(私たちはこれまで、国連安保理理事国をはじめ同盟国や6者協議のパートナー国と連携を組んできましたし、これからも連携していくつもりです。)

これは2009年5月25日に行われた、北朝鮮に関するオバマ大統領の声明の一節であるが、この文はWe have been working and will continue working with our allies ～を1つにまとめたものである。We have been working and will continue working with our allies ～の最初に出てくるworkingは現在分詞で、2番目に出てくるworkingは動名詞である。よって、(5)のWe have been and will continue workingのworkingは現在分詞と動名詞のハイブリッドということになる。すなわち、(5)の等位接続詞andはhave beenとwill continueを結びつけ、それらに共通の主語がWeであり、しかも共通の動詞が現在分詞と動名詞のハイブリッドであるworkingであるのだ。

最後に、スティーブ・ジョブズの次のことばを見てみよう。

(6) I actually think there's actually very little distinction between an artist and a scientist or engineer of the highest calibre. I've never had a distinction in my mind between those two types of people.
(かなりレベルの高い科学者や技術者ともなると、芸術家とほとんど違いがないと私は本気で思っているほどだ。それに私は、これまで、この2つのタイプの人たちを区別して考えたことが一度もない。)

between an artist and a scientist or engineer of the highest calibreのところに注意してもらいたいが、ここには等位接続詞が2つ現れている。andとorである。それぞれ何と何を結びつけているのだろうか。between α and β の型を考えればわかるように、α に相当するのが an artist で、β に相当するのが a scientist or engineer of the highest calibre である。つまり、and は an artist と a scientist or engineer of the highest calibre を結びつけ、or は scientist と engineer を結びつけているのだ。

上のジョブズのことばと同じ主旨のものに次のようなものがある。

(7) All religions, arts and sciences are branches of the same tree.
(宗教と芸術、それに科学は、どれも、同じ1本の木から出ている枝である。)

これはアインシュタインのことばだが、主語の All religions, arts and sciences に注目してもらいたい。ここでは、all religions と arts と sciences の3つが等位接続詞 and で結び付けられている。ただし、α, β and γ において α と β の間のコンマは等位接続詞 and の代用である。

12

副詞の割り込みで分裂・消滅した熟語を探せ

形が崩れやすい「動詞+前置詞句」

> *The United States and European Union imposed personal sanctions on Monday on Russian and Crimean officials involved in the seizure of Crimea from Ukraine as Russian President Vladimir Putin signed a decree recognizing the region as a sovereign state.*

熟語もピンキリである。崩すことができないぐらい語と語のつながりが強いものから、崩そうと思えば簡単に崩れてしまうものまでいろいろある。とくに**動詞+前置詞句は崩しやすく、動詞と前置詞句の間にバンバン副詞が入ってきたりする**。

まずはわかりやすい例から見ていこう。

(1) The Glassdoor list is based entirely on employee feedback shared during the past year.
(Glassdoorのリストは過去1年間の従業員のフィードバックだけをもとにつくられている。)

これはGlassdoorにあった記事(Glassdoor's Highest Rated CEOs 2013)からの一節であるが、be based onという熟語を壊すように、副詞entirelyがbasedとonの間に入り込んでいる。

次はもうちょっと複雑な例を見てみよう。

(2) Today, Zimbabwe's economy relies almost exclusively on the U.S. dollar.
(今日、ジンバブエの経済はほぼ完全に米ドルに依存した状態となっている。)

これは2014年1月22日付のCNN Moneyにあった記事(Zimbabwe: Could it be Africa's first cashless economy?)からの一節であるが、relies onという熟語を壊すように、ちょっと長めのalmost exclusivelyという副詞がreliesとonの間に割り込んでいる。

では、次の文を見てみよう。

(3) Look for a long time at what pleases you, and for a longer time at what pains you.
(楽しいことはたっぷりと眺め、苦しいことはもっと時間をかけて眺めるがよい。)

これはシドニー・G・コレットのことばであるが、look atという熟語を壊す形で、前置詞句for a long timeとfor a longer timeがlookとatの間に入り込んでいる。

次の例を見てみよう。

(4) A new assessment by the Pentagon's intelligence arm has concluded for the first time, with "moderate confidence,"

that North Korea has learned how to make a nuclear weapon small enough to be delivered by a ballistic missile.
(米国防省の諜報機関が北朝鮮の核能力を調査したのであるが、今回はじめて、そして「中程度の信頼性」をもって、北朝鮮は弾道ミサイルに核を搭載できるまでに核兵器を小型化するのに成功していると結論づけた。)

これは2013年4月11日付のThe New York Timesにあった記事(Pentagon Finds Nuclear Strides by North Korea)からの一節であるが、conclude thatという語と語のつながりを壊すように、2つの前置詞句for the first timeとwith “moderate confidence”がconcludeとthatの間に割り込んでいる。

次の例を見てみよう。

(5) The United States and European Union imposed personal sanctions on Monday on Russian and Crimean officials involved in the seizure of Crimea from Ukraine as Russian President Vladimir Putin signed a decree recognizing the region as a sovereign state.
(ロシアのプーチン大統領がクリミアを主権国家と認める法律に署名したことを受けて、米国と欧州連合は月曜日に、ウクライナからのクリミア掌握に関わったロシアとクリミアの高官に対し個人的な制裁を発動した。)

これは2014年3月17日付のReutersにあった記事(U.S., EU set

sanctions as Putin recognizes Crimea "sovereignty")からの一節であるが、impose以下に注目してもらいたい。imposeはimpose α on βの形をとるが、(5)でon βに相当するのはon Russian and Crimean officials～の部分であってon Mondayではない。つまり、on Mondayがimpose α on βのαとon βの間に割り込んでいるのだ。

熟語を壊しているものではないが、次の文を見てみよう。

(6) Its flexibility and customizable layout let you keep up with what's happening on Twitter, across multiple topics and accounts, in real time.

(それ(=TweetDeck)の柔軟性の高さとカスタマイズのしやすさのおかげで、Twitterで今何が起きているのかをリアルタイムに、しかもいろんなトピックやアカウントを横断する形で、フォローすることができる。)

これは2013年3月4日付のTweetDeck Blogにあった記事(An update on TweetDeck)からの一節であるが、what's happening on Twitter in real timeという文にacross multiple topics and accountsという副詞が割り込んでいる。文の破壊行為というか文の領海侵犯が行われている。

関係を切り裂くかのように入ってくる副詞や前置詞句、これをすばやく見破られるようにしよう。

最後に、次の会話文を見てみよう。

(7) **Look! Up in the sky!**
It's bird!
It's a plane!
It's Superman!

これは『スーパーマン』の有名なセリフというかキャッチコピーである。最初の Look! Up in the sky! を見てわかるように、Look と Up は別の文にある。つまり、look up という熟語としては使われていないのだ。関係を壊している究極の例だともいえよう。

13

「部分」vs.「全体」、「途中」vs.「完成」

どちらも意味しうる特殊な動詞を使い分ける

> *Hopefully soon workplace will be filled with the tones of badass guitars instead of boring key click noises!*

構文の書き換えはできない。10節でも見たように、たとえば、John sent an e-mail to MaryとJohn sent Mary an e-mailではどこまで意味するかで異なる。前者は、ジョンがメアリーにメールを送ったとしかいっていないのに対し、後者は、メアリーがメールを受信してちゃんと読んだことまで意味する。同じようなことが他の構文にも見られる。つまりどこまで意味するかで違いが見られる。

次の2つの文を見てみよう。

(1) **Kazuya sprayed paint on the wall.**

(2) **Kazuya sprayed the wall with paint.**

(1)と(2)はともに「カズヤが壁にペンキを塗った」と訳せる。しかし、(1)と(2)はどこまで意味するかで違いがある。実は、(1)は「壁にペンキを塗ったものの塗り残しがある(部分的にしか塗っていない)」ことを含意し、(2)は「壁にペンキを塗ったのだが塗り残しがない(全体的に塗っている)」ことを含意しているのだ。前者を「部分読み」、後者を「全体読み」とすると、**sprayのような動詞(この**

中には、これから紹介する fill や load、それに「水をやる」の意味の water や provide が含まれる)の場合、物の名称が目的語の位置にくると部分読みが要請され、場所の名称がくると全体読みが要請されるのだ。

次の文を見てみよう。

(3) Convicted graffiti artist falls to his death as he's spray painting on the side of a freeway bridge
(有罪判決を受けていた落書きアーティストが高架橋に落書きしていたところ、高架橋から落ちて死亡した。)

これは 2013 年 3 月 18 日付の Mail Online にあった記事のタイトルであるが、これは形としては(1)と同じである(he's spray painting on ～は he's spraying paint on ～とパラフレーズできる)。よって、部分読みが要請される。高架橋は広いし長い。全面落書きするのは不可能とはいわないまでも難しい。だからこそ(1)の形で書いているのだろう。まあ、落書き中に墜落死したので必然的に途中までしか描くことができず、それで部分読みの書き方になっているともいえるが。

次の文を見てみよう。

(4) "In my grandmother's final days battling brain cancer, she became unable to speak and she filled dozens of index cards with random letters of the alphabet," she wrote.
(「祖母は亡くなるまえ脳腫瘍と戦っていました。祖母は話すことが

できなくなり、その後、何十枚というカードをランダムなアルファベットで埋め尽くして逝ってしまいました」と彼女は書いた。)

これは2014年1月24日付のCBC Newsにあった記事(Internet decodes late grandmother's mysterious writings)からの一節であるが、これは形としては(2)と同じである。よって全体読みが要請される。だからこそ意訳では「埋め尽くして」としている。

第3代アメリカ大統領トーマス・ジェファーソンの次のことばを見てみよう。

(5) Occasionally the tree of Liberty must be watered with the blood of Patriots and Tyrants.
(自由という木には、時々、愛国者と暴君の血をたっぷり吸わせてやる必要がある。)

この文を能動文に直すとOccasionally we must water the tree of Liberty with the blood of Patriots and Tyrantsのようになる。これは(2)と同じ形である。よって全体読みが要請される。だからこそ、意訳では「たっぷり吸わせてやる」となっている。

次の2つの文を見てみよう。

(6) Yuji kissed Naoko's cheek.
(7) Yuji kissed Naoko on the cheek.

これら2つの文は、訳すとどちらも「ユウジがナオコの頬にキスをした」となるが、実はビミョーに意味が違うのである。(6)より(7)の方がユウジのナオコへの愛情が深いのであるが、これは、(6)では目的語に「ナオコの頬」という身体の一部がきているのに対して、(7)の目的語にはNaoko自身がきていることによる。身体の一部というのはNaokoが所有している「物」として捉えることができるのに対し、Naoko自身はキスをされる「場所」として捉えることができる。つまり、文の抽象度をあげて考えると、(6)は(1)に、そして(7)は(2)に対応した文になるのだ。(6)は挨拶的な軽いチューであるのに対し、(7)はナオコのすべてを愛しているユウジの溺愛チューだといえよう。ちなみに私の女房の名前も「ナオコ」だが、(6)も(7)もまったく架空の文である。

では、次の文を見てみよう。

(8) Hopefully soon workplace will be filled with the tones of badass guitars instead of boring key click noises!
(ラッキーなことに、仕事場はすぐにキーボードを叩く退屈な音でなくすごい形をしたギターの音で満たされることであろう！)

これは2013年4月4日付のWieden+Kennedyにあった記事(Bridging the Email-Typing/Guitar-Shredding Gap Using Technology)からの一節であるが、この文を能動文にすると、Hopefully soon we will fill workplace with the tones of badass guitars instead of boring key click noises! といったものになる。これは形としては(2)と同じだ。よって全体読みが要請される。だからこそ、意訳では「仕事場はギターの音で満たされる」としている。ちなみに、この記事では、フライングＶというすごい形をしたギターを弾くとメールが打てる、そんなぶっとんだアプリが紹介されている。

次の文を見てみよう。

(9) President Obama thinks Africans are better off in shanties and mud huts instead of houses and apartments loaded with the conveniences of modern life.
(オバマ大統領は、アフリカの人々は便利な物で埋め尽くされた家やアパートに住むより、掘っ立て小屋や泥でできた小屋に住む方が幸せだと思っているのだ。)

これは2013年7月3日付のThe Washington Timesにあった記事(Obama's cruel advice)からの一節であるが、この文の後半部分を能動文に直すと、load houses and apartments with the conveniences of modern lifeとなる。これは(2)と形がいっしょである。よって全体読みが要請される。だからこそ意訳では「埋め尽くされた」としている。

最後に、次のものを見てみよう。

(10) For over 165 years, Scientific American has provided curious minds with the latest developments in science, medicine and technology. Stay informed with the ideas of tomorrow — subscribe today with this special offer!
(165年以上にもわたって、Scientific Americanは、科学と医学、そしてテクノロジーの最先端の情報で好奇心を心ゆくまで満たして

きました。常に新しい考えで頭の中をいっぱいにしておきましょう。そのためにも、今日、この特典付きはがきで定期購読しましょう！）

これは、私の愛読誌 Scientific American に挟まれていた購読はがきの一節である。意訳では「心ゆくまで満たして」となっているが、これは第 1 文が(2)と同じ形をしているからだ。また、第 2 文の意訳が「頭の中をいっぱいに」となっているが、これも第 2 文が形としては(2)と同じであるからだ。

構文が違えば意味も違う。意味が違ってくれば訳も違ってくる。そして、訳が違ってくれば解釈も違ってくる。

14

‘eat an apple’ も ‘eat apple’ も両方 OK

でもニュアンスは大違い。冠詞の有無で何が変わる？

> *I have a dream that my four little children will one day live in a nation where they will not be judged by the color of their skin but by the content of their character.*

次の文を見てみよう。

(1) Do not say a little in many words but a great deal in a few.
(たくさんしゃべってちょっとの内容しか語らないのではなく、ちょっとのことばでたくさんの内容を語れ。)

これはピタゴラスのことばであるが、a little と a great deal が量(不可算)を表す表現として使われているのに対し、many words と a few が数(可算)を表す表現として使われている。受験英語で学んだように、英語では可算と不可算で使われる表現が違ってくる。可算とは、読んで字の如く、数えられることを意味し、不可算とは数えられないことを意味するが、このような可算と不可算の違いは冠詞の有無で表すこともできる。

次の2つの文を見てみよう。

(2) I ate an apple this morning.

(3) I ate apple this morning.

この2つの文には何ら問題がない。受験英語の知識しかないと「えっ？ (3)は apple に冠詞がついてないからダメなんじゃね？」と思うかもしれないが、(3)は英語として何ら問題がない。ただし(3)のリンゴはリンゴでも、数えることのできない状態のリンゴでないといけない。つまり、(3)の apple は「ドロドロにすりおろしたリンゴ」を意味しているのだ。(2)も(3)も訳せば「私は今朝リンゴを食べた」となるが、(2)のリンゴは数えられる状態のリンゴであるのに対し、(3)のリンゴは数えられない状態のリンゴであるのだ。このように、冠詞の有無で可算と不可算の違いが出てくるのである。

不定冠詞の有無で可算と不可算の違いが出るが、定冠詞の有無でも可算と不可算の違いが出ることがある。次の文を見てみよう。

(4) Go to bed!
(5) Go to the bed!

受験英語をしっかりやった皆さんならもうおわかりかと思うが、(4)は「寝なさい！」の意味であるのに対し、(5)は「ベッドのところに行け！」の意味である。(4)では bed に冠詞がついていない。よって、(4)の bed は数えられるモノではなく bed の機能に焦点が当てられている。つまりベッドの機能である「寝るところ」に光が当てられている。だからこそ(4)は「寝なさい！」と訳せるのである。一方、(5)では bed に定冠詞の the がついている。よって、(5)の bed は数えられるモノとして扱われ、bed が具体的なモノとみなされている。だからこそ(5)は「ベッドのところに行け！」と訳せるのだ。これらのことからわかるように、(4)のようにいわれてベッド以外のところで寝ても命令に従っていることになるし、(5)のようにいわれてベッドのところに行けば寝なくても命令に背くことにはならない。**冠詞の有無で機能とモノの違いが出てくる**のである。

定冠詞の有無が問題になるものというと、「楽器には the をつけろ！」というあの話が思い出される。次の文を見てみよう。

(6) Yuji often plays a guitar which he bought in America.

(7) Yuji plays guitar in his band.

(6)では guitar に不定冠詞の a がついているが(7)では guitar に冠詞そのものがついていない。でも(6)も(7)も何ら問題がない。このことからわかるように、**楽器には常に定冠詞をつけないといけないことはない**のだ。(6)-(7)からわかるように、関係節を使ってどのギターかを特定するときは不定冠詞がつき、バンド内での担当楽器をいうときは冠詞がつかないのだ。(7)で冠詞がつかないのは、ギターをモノではなくバンド内での役割(つまり機能)として捉えているからである。その意味では(7)は(4)と本質的に同じタイプの文である。

ちなみによくライヴの MC で「オン・ギター！ ハタケヤマユウジ！」とか「オン・キーボード！ サイトウフミアキ！」というのを聞いたことがあるかと思うが、なぜ「オン・ザ・ギター」とか「オン・ザ・キーボード」とならないかもうおわかりであろう。バンドでの担当楽器(つまりバンド内での役割)を問題にしているからだ。

では、受験英語でよく見かける次の文を見てみよう。

(8) I play the guitar.

これは「ギターだったら何でも弾くよ」ぐらいの意味であり、the guitar の the は意味的には any と同じである。つまり、I play the guitar の the guitar は不特定のギターを指しているのだ。すなわち、(8)の the guitar の the は、次の英文の The skunk の the と本質的に同じなのである。

(9) The skunk is a friendly animal.
(スカンクは人懐っこい動物だ)

(9)の skunk についている the は「総称の the」ともよべるものだが、(8)の the guitar の the も「総称の the」なのである。何か特定のものを指している the ではないのだ。

ちなみに次の2つの文であるが、

(10) Do you have the time?
(11) Do you have time?

(10)は「いま何時ですか？」の意味であり、(11)は「お時間ありますか？」の意味である。これなども冠詞の有無によって意味が変わるいい例である。蛇足だが、What time is it now? は「(さっきも聞いたけど)いま何時(になった)？」くらいの意味で、何度も友人に時間を聞いているシーンでしか使えなかったりする（now を外せば(10)と同じ意味で使える）。

では、次の有名な一文を見てもらいたい。

(12) I have a dream that my four little children will one day live in a nation where they will not be judged by the color of their skin but by the content of their character.
（私には夢がある。私の４人の子どもたちがいつの日か、肌の色ではなく人格によって評価される、そんな国で過ごせる日がくることを。）

これはマーティン・ルーサー・キング・ジュニアの演説の一節であるが、さて、冒頭のI have a dreamの不定冠詞aをどう解釈したらいいだろうか。実は、キング牧師は、(12)のことばをいう前に、I have a dream thatではじまる文をすでに3ついっている。つまり、(12)のことばをいう前にすでに３つ夢を具体的に語っているのだ。よって、a dreamのaは「いくつかある夢のうちの１つ」と解釈できそうだ。が、そうもいかないのだ。キング牧師は、(12)の直後にI have a dream todayといい、そのすぐ後でI have a dream thatではじまる文をまたいい、さらにその直後にもう一度I have a dream todayという。そしてその直後にもう一度I have a dream thatではじまる文をいい、その直後にThis is our hope（これが私たちの希望なのです）という。These are our hopesではなくあくまでもThis is our hopeといっているのだ。キング牧師はI have a dream thatではじまる文を６ついっているのであるが、実は、どれもたった1つの夢(すなわち人間皆平等であること)の具体例を語っているにすぎないのだ。その意味では、(12)の I have a dream that の a dream は「いくつかある夢の1つ」ともとれれば「たった1つの夢」ともとれるのだ。たかが不定冠詞の a でも完璧に解釈しようと思ったらいろんなことを考えないといけないのだ。

ちなみに、2004年7月27日の民主党全国党大会基調講演で行った次のオバマ大統領のスピーチの一節であるが、

(13) There is not a Black America and a White America and Latino America and Asian America — there's the United States of America.
(黒人のアメリカも白人のアメリカもラテン人のアメリカもアジア人のアメリカもありません。あるのはアメリカ合衆国だけです。)

内容的には(12)とほぼ同じである。(12)を意識した上での発言であることはたしかだ。

不定冠詞の a を正しく解釈するのは難しいし、それをうまく英語に訳すのもこれまた難しい。学校ではよく、a を「1つの」とか「ある」と訳させ、the を「その」と訳させたりする。でも、このような教え方はよくない。**不定冠詞の a は時と場合に応じて「○○が」の「が」と訳し、定冠詞の the は「○○は」の「は」と訳すだけでよかったりする**。「むかしむかし、あるところにおじいさんとおばあさん**が**いました。おじいさん**は**……」を英語に訳してみれば私のいわんとしていることがわかってもらえるかと思う。

15

学校英語ではNGだが時事英語ではOKの上級表現

分離不定詞をマスターして読み書きに幅をもたせる

Apple has until July 24 to better explain how "iPad mini" is sufficiently different from the larger-sized iPad to merit its own trademark.

受験英語ではよく、分離不定詞は使ってはならないと習う。つまり、不定詞のtoと動詞は隣どうしに置かなければならず、間に副詞を挟んではならないと習う。でも、このような禁止条項が通用するのは受験英語の世界だけで、生の英語の世界では通用しなかったりする。生の英語では普通に分離不定詞が見られるのだ。

次の文を見てみよう。

(1) Sand, cement, wood and steel are the latest tools in China's territorial arsenal as it seeks to literally reshape the South China Sea.
(中国は南シナ海の形を文字通り変えようとしているのだが、砂とセメント、それに木材と鉄、これらが中国の領土拡大で使われる最新のツールである。)

これは2014年6月11日付のBloombergにあった記事(China Building Dubai-Style Fake Islands in South China Sea)からの一節であるが、

it seeks to literally reshape the South China Seaに注目してもらいたい。不定詞のtoと動詞reshapeの間に副詞literallyがあるが、(1)は別に何も問題がない。逆にliterallyを別のところに置くと問題が生じる。たとえば、不定詞のtoの前に置いてit seeks literally to reshape the South China Seaとすると、literallyがseeksを修飾しているように読めなくもない。また、この位置だとreshapeと距離ができてしまい、reshapeを確実に修飾できているかというとそうでもない。では、literallyをreshapeの後ろに置いたらどうだろうか。実は、これができないのだ。なぜならば、**他動詞とその目的語の間には副詞を置くことが原則許されない**からだ。よってliterallyは、それが修飾する動詞reshapeと不定詞のtoの間に置くしかないのだ。

次の文を見てみよう。

(2) Physicists long struggled to fully account for the rapid liquid-to-solid shift, known as shear thickening.
(これまで物理学者は、ずり粘稠化として知られている、瞬時に液体から固体に変わるこの現象を、完璧に説明すべく長いこと取り組んできた。)

これは2014年2月号のScientific Americanにあった記事(Instant Weirdness — Just Add Water)からの一節であるが、ここでも不定詞が分離されている。分離不定詞を避けてPhysicists long struggled fully to account for the rapid liquid-to-solid shift, known as shear thickeningと書くことも可能ではあるが、これだとfullyがstruggledを修飾しているととられかねない。つまり、「心ゆくまでたっぷりと

取り組んできた」と解釈されかねない。そこで、あえて不定詞を分離して、fully を不定詞の to と動詞 account の間に入れているのだ。

次の文を見てみよう。

(3) "Space: the final frontier. These are the voyages of the starship Enterprise. Its five-year mission: to explore strange new worlds, to seek out new life and new civilizations, to boldly go where no man has gone before."
(宇宙、それは最後の新天地。これは宇宙船エンタープライズ号の旅物語である。5年間の任務、それは、未知の世界を探索し、新しい生命体と文化を探し求め、そして、これまで人間が踏み入れたことのない地へ果敢に向かっていくことだ。)

これは映画『スタートレック』の出だしでカーク船長がいっていることばであるが、最後の to boldly go where no man has gone before に注目してもらいたい。副詞 boldly が不定詞の to と動詞 go の間に現れている。不定詞が分離されてしまっているが何も問題のない文である。このように映画のセリフでも普通に分離不定詞が出てくるのだ。

今度は、オバマ大統領がノーベル平和賞を受賞したときの講演の一節を見てみよう。

(4) But we do not have to think that human nature is perfect for us to still believe that the human condition can be perfected. We do not have to live in an idealized world to still reach for those ideals that will make it a better place.

（しかし、人間の状態が完璧でありうると今なお信じるために、人間性が完璧であると私たちは思う必要はないのです。それに、世界がよりよい場所になるのを可能にしてくれる、そういった理想を今なお求めるために、私たちは理想化された世界に住む必要もないのです。）

第1文の to still believe に、そして第2文の to still reach に分離不定詞が見られる。大統領の講演原稿にも見られるぐらいだから、たとえ受験英語で禁じられていても、分離不定詞は認めざるをえないだろう。

次の文を見てみよう。

(5) Inspiring creativity is incredibly important to us — and as the Instagram community grows, we've been excited to hear requests for more ways to creatively take hold of how your photos look and feel.
（創造性が刺激されるのは私たちにとって何よりも重要なことです。Instagram のユーザがどんどん増えるにつれ、写真をどうクリエイティブに管理していったらいいかいろいろ意見をもらうようになったのですが、そのような声を聞くたびに私たちはワクワクします。）

これは Instragram Blog にあった記事（Introducing New Creative Tools on Instagram）からの一節であるが、to creatively take hold of ～のところに分離不定詞が見られる。

次のものは2009年5月25日に行われた、オバマ大統領の北朝鮮に関する声明の一節である。

(6) It appears to also have attempted a short range missile launch.
(北朝鮮は短距離ミサイルの発射も試みたようだ。)

不定詞の to と助動詞 have の間に also が入り込んでいるが、このようにしているのも、あくまでも「試みもした」ということをいいたいからだ。ただこの文に関していえば、わざわざ分離不定詞を使わないでも、助動詞 have と本動詞 attempted の間に副詞 also を置いて It appears to have also attempted a short range missile launch のようにしてもよかった。これなら日本人に悪名高い分離不定詞を使わなくてすむし、「試みもした」のニュアンスも十分出せるからだ。

次の文を見てみよう。

(7) Apple has until July 24 to better explain how "iPad mini" is sufficiently different from the larger-sized iPad to merit its own trademark.
(アップルは7月24日までに、iPad mini の商標登録を認めてもらうためにも、iPad mini が iPad のたんなる小型版でないことをもっとうまく説明する必要がある。)

これは2013年3月31日付の appleinsider にあった記事(USPTO denies Apple's trademark application for iPad mini)からの一節であるが、Apple has until July 24 to better explain のところに注目してもらいたい。副詞が2つ現れているが、この2つの副詞を取り外すと Apple has to explain となる。もうおわかりのように、have to

のつながりを切り裂くように、haveとtoの間にuntil July 24が入り込み、同じように、to explainのつながりを切り裂くように、toとexplainの間にbetterが入り込んでいる。つまり、後者では分離不定詞が起きているのだ。この手の文をストレスフリーで読めるようになってはじめて英語上級者といえるだろう。ちなみに私はストレスを感じてしまうので英語中級者である。

(7)では副詞betterが不定詞のtoと動詞の間に割り込んでいた。betterが割り込めるなら最上級のbestだって割り込めるはずだ。実際、次の文を見てわかるように、bestも不定詞のtoと動詞の間に割り込むことができる。

(8) Teachers and school district administrators must decide how to best integrate them into the curriculum, considering things like the number of tablets per classroom, which grades receive them first, what content is accessed, and when.
(教員と各学校の監督者はタブレットをどうカリキュラムに導入すべきかベストな方法を考えないといけない。たとえば、1クラスにどれだけ導入するか、まずどの学年からはじめるか、どんな教材にアクセスさせるようにするか、いつ導入するかなどを考慮しないといけない。)

これは2013年3月6日付のWiredにあった記事(Can the iPad Rescue a Struggling American Education System?)からの一節であるが、to best integrate them ～のところに分離不定詞が見られる。

分離不定詞は生の英語では普通に見られる。使用を禁じられているのは受験英語という特殊な英語のジャンルだけだと思っていい。

16

生の英語に頻出する「主節の挿入句化」

主節を脇役に、従属節を主役に

> *The cheapest Mac Pro you can buy, Apple informed us last week, will cost you $3,000.*

日常生活でまず使うことのない表現に限って受験英語で必死に教えられたりする。その一方で、時事英語などで普通に見かけるのにちゃんと教えてもらうことのないものがある。その１つが主節の挿入句化(主節を挿入句に「格下げ」すること)である。

次の例を見てみよう。

(1) A friend is, one might say, a second self.
(友人とは第二の自分だといえるかもしれない。)

これは古代ローマの哲学者キケロのことばであるが、もともとはOne might say that a friend is a second selfという文であった。主節のone might sayを切り取り、そして挿入句として文中に放り込まれているのが(1)である。**主節を脇役にして目立たなくさせ、その代わりに従属節を主役扱いにして目立たせている**のである。

では、次の文を見てみよう。

(2) Tail chasing, he argues, is more akin to stereotyped and

repetitive behavior, which is often seen in people with autism.
（しっぽの追いかけであるが、彼が主張するように、自閉症の人によく見られる繰り返し行動の方に似ている。）

これは2012年11月号のScientific Americanにあった記事(From Tail Chasing to Hand Washing)からの一節であるが、もともとHe argues that tail chasing is more akin to stereotyped and repetitive behavior, which is often seen in people with autismという文であった。そして主節のHe arguesを切り取り挿入句化したものが(2)である。

次の例を見てみよう。

(3) The cheapest Mac Pro you can buy, Apple informed us last week, will cost you $3,000.
（先週アップルが私たちに伝えてくれたところによると、Mac Proで一番安いものだと3000ドルで買える。）

これは2013年10月28日付のGizmodoにあった記事(A Fully Loaded Mac Pro Could Cost You $14,000)からの一節であるが、もともとApple informed us last week that the cheapest Mac Pro you can buy will cost you $3,000という文であった。そして主節のApple informed us last weekを切り取り挿入句化したもの、それが(3)である。

同じような例をもう1つ見てみよう。

(4) **Vaccinating most young people would virtually eliminate the flu, the researchers calculate, thereby cutting down on the mortality of the elderly, the young and people overall.**
(研究者が試算したところによると、ほとんどの子どもにワクチンを接種すると、ほぼ確実にインフルエンザの蔓延を防ぐことができ、その結果、ご老人や若い人、ひいてはすべての人の死亡率を下げることができる。)

これは2007年6月号のScientific Americanにあった記事(Stick It to the Kids)からの一節であるが、もともとThe researchers calculate that vaccinating most young people would virtually eliminate the flu, thereby cutting down on the mortality of the elderly, the young and people overallという文であった。そして主節のThe researchers calculateを切り取り挿入句化したもの、それが(4)である。

今度は次の例を見てみよう。

(5) **The black-and-blue rule of baseball — if your pitcher beans our batter, our pitcher will bean yours — it turns out, is highly dependent on the weather.**
(野球の青アザの法則(つまり、おたくのピッチャーがうちのバッターにわざとボールをぶつけるのであれば、うちのピッチャーもおたくのバッターに同じことをするということ)は、その日の天候に大きく左右されることが明らかになった。)

これは2011年6月号のScientific Americanにあった記事(A Batter

for a Batter)からの一節であるが、もともとIt turns out that the black-and-blue rule of baseball — if your pitcher beans our batter, our pitcher will bean yours — is highly dependent on the weatherという文であった。そして主節のIt turns outを切り取り挿入句化したもの、それが(5)である。

最後に、次の文を見てみよう。

(6) Why, he wondered, did the coffee sometimes spill and sometimes not?
(なぜある時はコーヒーはこぼれある時はこぼれないのかと、彼は思った。)

これは2011年12月号のScientific Americanにあった記事(Fluid Dynamics in a Cup)からの一節であるが、もともとHe wondered why the coffee sometimes spilled and sometimes notという文であった。そして主節のHe wonderedを切り取り挿入句化したもの、それが(6)である。ただしここでは、主節を挿入句化した結果Whyが文頭にきて、全体が平叙文から疑問文に変わっている。

主節を脇役に、そして従属節を主役にする裏ワザ、それが「主格の格下げ」(すなわち「従属節の格上げ」)である。従属節にスポットライトを当てる英文法、それが「主節の格下げ」であるともいえる。

17

クセモノ、でも意外に使える there 構文

知りたい情報なら、固有名詞だってOK

Then there's the design - it's sloped towards the edges, which coincides with a patent application from the Cupertino company that was approved last week.

受験英語で構文の勉強をしたかと思う。でも、実際、「○○構文」という形で教えてもらったものというと「there 構文」ぐらいしかないのではなかろうか。この there 構文、実は意外とクセモノで取り扱い要注意だったりする。

受験英語では、there 構文の真主語（動詞の直後にくる名詞）には定冠詞のついた名詞や固有名詞はこられないと習ったかと思う。でも本当だろうか。次の日本語の会話文を見てみよう。

(1) A：腹減ったー。何か喰うものある？
B：うーん、昨晩の残りだけど肉まんがあるよー。

これを英語に訳すと次のようになるが、

(2) A：I'm hungry. Is there anything to eat?
B：Well, there is the leftover steamed meat bun from last night.

(2B) の there 構文には定冠詞のついた名詞が現れている。でも (2B) は何も問題のない普通の英文である。there 構文には定冠詞のついた名詞はこられないはずだ。これはいったいどういうことだろうか。

次の日本語文も訳してみよう。

(3) A：昨晩の合コン、誰がいた？

B：ああ、太郎に花菜、それに直子と雄二がいたよ。

上の会話文を英語にすると次のようになるが、

(4) A：Who was at the matchmaking party last night?

B：Oh, there was Taro, Hana, Naoko and Yuji.

(4B) の there 構文には固有名詞が現れている。受験英語では、there 構文の真主語には固有名詞は現れないと習った。それなのになぜ (4B) の there 構文では固有名詞が現れることができるのだろうか。

(2B) と (4B) が英語として問題ないのであれば、論理的に考えればわかるように、受験英語で習ったことが間違っていることになる。すなわち、「there 構文の真主語（動詞の直後にくる名詞）には定冠詞のついた名詞や固有名詞はこられない」というのはウソなのである。実は、**冠詞の種類にかかわらず、文脈上、聞き手なり読み手にとって情報の鮮度が高いもの（つまり情報価値の高いもの）はどんな名詞であれ、there 構文に現れることができる**のだ。

(2) において話者 A は食べ残しの肉まんがあるのを知らない。だからこそ話者 B に Is there anything to eat?(何か喰うものある？）と問うている。残り物の肉まんがあることは話者 A にとって重要な情報で情報価値が高い。しかも、話者 A にとっては新しい情報で情報の鮮度も高い。だからこそ、(2B)にあるように、定冠詞つきの名詞であっても there 構文に現れることができるのだ。同じことが(4)にもいえる。話者 A は誰が合コンにきていたのかを知らない。だからこそ Who was at the matchmaking party last night?(昨晩の合コン、誰がいた？）と話者 B に問うている。太郎に花菜、それに直子と雄二が合コンにきていたという情報は話者 A が知りたかった情報であり、話者 A にとって情報価値が高い。しかも話者 A にとって新しい情報であり情報の鮮度も高い。だからこそ、(4B)にあるように、たとえ固有名詞であっても there 構文に現れることができるのだ。

(4B)から、さらに、受験英語で教えてもらうことがまずない、there 構文に関するある事実を知ることができる。(4B)では、be 動詞の後ろに名詞が複数現れているが、be 動詞は複数形でなく単数形である。普通に考えれば、4 人の名前がリストアップされているのだから、be 動詞は were になるはずだ。でもそうはなっていない。このことからわかるように、**項目のリストアップが行われるとき、there 構文の動詞は単数形のままでいい**のだ。受験英語の知識だけでは正確かつ精確に英語が読めたり書けたりしないのだ。

では、there 構文に関する裏知識というか裏情報がゲットできたところで、次のパッセージを見てみよう。

(5) While the pictures aren't of the best quality or taken in

studio conditions they do reveal a lot about the pictured smartphone. For one it sheds off the iconic home button and replaces it with a real edge-to-edge display (although we can't see the actual screen underneath). Then there's the design — it's sloped towards the edges, which coincides with a patent application from the Cupertino company that was approved last week.

(写真写りがよくなくちゃんと撮れてはいないが、スマホの特徴をいくつか知ることができる。1つは、おなじみのホームボタンがなくなっていてその代わりに全面スクリーンが採用されていることである(とはいうものの、写真ではスクリーンを確認できないが)。さらなる特徴としてデザインがあげられる。曲面ガラスが採用され、これには最近アップルが取得した特許が使われているのだが、この特許については先週報じたとおりである。)

これは2013年4月4日付のGSMArena.comにあった記事(Alleged iPhone 5S prototype pictured, is it the real deal?)からの一節だが、最後の一文に注目してもらいたい。この最後の一文はthere構文であるが、真主語が定冠詞つきの名詞である。there構文なのになぜ定冠詞つきの名詞が現れうるのかもうおわかりかと思う。この最後の一文でさらなる情報としてiPhone 5Sのデザインの話が紹介されている。この情報は読み手にとって新しいものであり情報の鮮度が高い。しかも、曲面ディスプレイの情報は新製品の大きなアピールになり情報価値も高い。だからこそ、定冠詞つきの名詞であってもthere構文に現れることができるのだ。

では、次の例を見てみよう。

(6) For foreign executives, doing business for the first time in India can be a bewildering experience. There's the new — different business customs, bureaucracy and the dizzying scale of the population — but also the familiar.
(外国企業の経営者にとって、インドではじめてビジネスをするとなるといろいろと頭を悩ますところだ。よく知られた諸々のことはともかく、異なるビジネス習慣や官僚制、それにめまいがするほどの人の数があるからだ。)

これは2012年2月3日付のCNNにあった記事(The secrets of doing business in India)からの一節であるが、なぜthe newとthe familiarという定冠詞つきの名詞がthere構文に現れることができるのかもうおわかりであろう。また、なぜthe newとthe familiarという2つの名詞があるのに動詞が単数形なのかもおわかりであろう。インドでビジネスをするにあたって直面する悩ましいこと、それがリストアップされていて、その悩みの内容はおそらく読み手にとってはじめて知るものであろう。しかも情報の鮮度も高い。さらには、この悩みの内容は、インドで新しくビジネスをするにあたって情報価値の高いものとなっている。だからこそ、(6)では定冠詞つきの名詞がthere構文に現れることができるのだ。

最後にもう1つ例を見てみよう。

(7) And there's the supply problem: frozen sperm come in

batches of millions — lose a few thousand, no big deal. With eggs, there's no room for error.
(さらに供給面での問題がある。凍結した精子は百万のオーダーで手に入れることができる。そのようなこともあり、千や二千ダメにしたところでたいした問題ではない。一方、卵子の方はというと、失敗の余地がないのだ。)

これは2004年8月16日号のNewsweekにあった記事(Fertility and the Freezer)からの一節であるが、最初の1文に注目してもらいたい。見ておわかりのように、there 構文なのに定冠詞つきの名詞が現れている。there 構文なのになぜ定冠詞つきの名詞が現れうるのかはもうおわかりかと思う。「さらにこんな問題があるんだよ」ということで読み手に新たな情報を与えてくれている。つまり、鮮度が高く価値の高い情報を読み手に提供してくれている。だからこそ、there 構文であっても定冠詞つきの名詞を使うことが許されるのだ。また、この(7)だけでなく(5)と(6)の例からもわかるように、**定冠詞のついた名詞の直後でその名詞の具体的な説明が行われている。これも定冠詞つきの名詞が現れる there 構文の特徴である**。

受験英語をやっているだけでは知ることのできない英語の世界、これを時事英語から学ぶことができるのだ。

18

時事英語に頻出する「長い主語」にビビらない！

英文解釈でまずすべきこと、それは主語探し

> *Reports surfaced earlier this evening that Microsoft was paying YouTube influencers a fistful of dollars to promote Xbox One have now been confirmed.*

受験英語では、英語は長い主語を嫌うと教わる。でも、長い主語は普通に見られる。そして、長い主語に慣れることが英語に慣れることでもあったりする。**主語が長かろうが短かろうが、主語を見つけたら動詞を見つけること、これが英文解釈の要諦である**。長い主語を見てドギマギしているようでは、受験英語からまだ脱却できていない英語ビギナーである。

次の文を見てみよう。

(1) Robotic technology from Oxford University that enables a car to 'drive itself' for stretches of a route has been shown driving a Nissan Leaf electric car.
(オックスフォード大学のロボットテクノロジーを用い、車が自動的に走行することが、日産の電気自動車リーフを使って立証された。)

これは 2013 年 2 月 14 日付の University of Oxford.ac.uk にあった

記事(Robot electric car shows off iPad 'auto drive')からの一節であるが、主語はRobotic technology from Oxford University that enables a car to 'drive itself' for stretches of a routeである。

次の文を見てみよう。

(2) A new video service from Google that aims to connect people with teachers, personal trainers, doctors and other experts is expected to launch Monday evening, according to a recent planning email.

(メールによると、先生や個人トレーナー、それにお医者さんやその道のプロと結びつけてくれる、そんな動画サービスが月曜日の夕方にもグーグルからリリースされるとのことだ。)

これは2013年11月4日付のThe Wall Street Journalにあった記事(Google to Launch 'Helpouts' on Monday)からの一節であるが、A new video service from Google that aims to connect people with teachers, personal trainers, doctors and other expertsが主語である。

では、次の文を見てみよう。

(3) Reports surfaced earlier this evening that Microsoft was paying YouTube influencers a fistful of dollars to promote Xbox One have now been confirmed.

(今晩明らかになったことだが、マイクロソフトがユーチューバーにお金を渡してXbox Oneの宣伝をしてもらっていたようだ。)

これは2014年1月17日付のiGamerResponsibly.comにあった記事(Microsoft Is Offering YouTube Personalities Good Money To Promote Xbox One)からの一節であるが、Reports surfaced earlier this evening that Microsoft was paying YouTube influencers a fistful of dollars to promote Xbox Oneが主語である。

(1)-(2)では主語の中に関係節が、そして(3)では同格節があり、それで主語が長くなっている。主語が長くなる原因は他にもある。

次のランディ・コミサー(アメリカの起業家)のことばを見てみよう。

(4) But to call the game over because Google has been such a success would be to deny history.
(でも、グーグルがここまで成功したからそれでもうゲームは終わりだなんていうのは歴史を否定するようなものです。)

主語はto call the game over because Google has been such a successであるが、主節(to call the game over)と従属節(because Google has been such a success)からなっている。

主語が長いのは主節のときだけでない。次の文に見られるように、もちろん、従属節のときでもある。

(5) A Pentagon report has found that a multibillion-dollar Chinese telecommunications company that has been seeking to make major inroads in the U.S. market has close ties to China's military, despite the company's denials.
(国防総省の報告によると、アメリカ市場に積極的に参入してきて

いる数十億ドル規模の中国通信企業が中国軍と強いつながりをもっているようだが、当該企業はそれを否定している。）

これは2011年9月1日付のThe Washington Timesにあった記事(Pentagon fears listening posts from China)からの一節であるが、従属節の主語はa multibillion-dollar Chinese telecommunications company that has been seeking to make major inroads in the U.S. marketである。

英語は長い主語を嫌うどころか好む。受験英語では嫌われているかもしれないが、時事英語やビジネス系の英語ではむしろ好まれている。

19

長文に隠れている ホンモノの主語と動詞を探せ

文の構造を捉え直して袋小路から脱出する

> *One nuclear weapon exploded in one city — be it New York or Moscow, Islamabad or Mumbai, Tokyo or Tel Aviv, Paris or Prague — could kill hundreds of thousands of people.*

都内の住宅地だと意外と袋小路があったりする。気づいたら行き止まりだったというのが時々ある。さて、袋小路に入ってしまったら来た道を戻り別ルートを探さないといけない。英語を読んでいてもこの手の袋小路に入ってしまうことがある。気づいたら「あれっ……動詞がないや」ということがちょこちょこある。そうなったらもう一度最初に戻って、あらためて文の構造を考え直してから読み返さないといけない。つまり、文を再分析して正しい読みのルートを見つけないといけない。

次の文を見てみよう。

(1) The cotton clothing is made of grows in Mississippi.
(服の素材となっている綿はミシシッピで育てられている。)

The cotton clothing を主語として読んでしまうと、その後 is made of と grows の 2 つの動詞が出てきてしまい袋小路に入ってしまう。そこで再分析し、The cotton clothing is made of を主語と考えると袋小路に入らずにすむ。つまり、clothing is made of が関係節で、the cotton を修飾していると考えるのだ。このように**英文法の知識を駆使すれば無事袋小路から抜け出すことができる**。

次の文を見てみよう。

(2) Left-wing attempts to restrict free speech aren't new.
(言論の自由を制限しようとする左派の試みは新しいものではない。)

Left-wing を主語、attempts を動詞として読んでしまうと、その後動詞の aren't が出てきて袋小路に入ってしまう。そこで再分析して、Left-wing attempts to restrict free speech を主語と考えると、無事袋小路から脱出することができる。

では、次の文を見てみよう。

(3) One nuclear weapon exploded in one city — be it New York or Moscow, Islamabad or Mumbai, Tokyo or Tel Aviv, Paris or Prague — could kill hundreds of thousands of people.
(1 つの都市で 1 発の核兵器が爆発した場合、それがたとえニューヨークやモスクワ、イスラマバードやムンバイ、または東京やテルアビブ、あるいはパリやプラハで起きたとしても、何十万人もの人が亡くなることになるでしょう。)

これは 2009 年 4 月 5 日に行われた、オバマ大統領のプラハ核軍縮演説での一節であるが、One nuclear weapon を主語に、そして exploded を動詞にとってしまうと袋小路に入ってしまう。その後に could kill という動詞が出てきてしまうからだ。そこで再分析して、One nuclear weapon exploded in one city — be it New York or Moscow, Islamabad or Mumbai, Tokyo or Tel Aviv, Paris or Prague — を主語と考えると無事袋小路から脱出できる。

次の文を見てみよう。

(4) Although some claim that seats over the wing of an aircraft are best (because the plane is "strongest" there), popular opinion has it that, in the event of a plane crash, the rear of an aircraft is the safest place to be.

(飛行機が墜落したとき、翼の後方部が(最も強度があるからという理由で)一番安全だという人がいるが、そして一般的にもそう考えられているが、後部座席が一番安全である。)

これは 2013 年 3 月 28 日付の Telegraph.co.uk にあった記事(Which is the safest seat on an aircraft?)からの一節であるが、some claim を「ある主張」と読み、続く that を関係代名詞として読んでしまうと袋小路に入ってしまう。そこで再分析して、some を主語、claim を動詞として読むと袋小路から無事抜け出すことができる。

最後に、次の文を見てみよう。

(5) A device that one collector says is an "engineering prototype" of Apple's first-generation iPhone has sold on

auction site eBay for $1,500, one of a handful of similar preproduction iPhones to surface in recent years.
(あるコレクター曰く、初代 iPhone のプロトタイプがオークションサイト eBay で 1,500 ドルで競り落とされたが、これはいくつかある試作品のうちの 1 つである。)

これは 2013 年 12 月 30 日付の appleinsider にあった記事(Purported prototype of Apple's first-gen iPhone sells for $1500 on eBay)からの一節であるが、A device that one collector says is an "engineering prototype" にある関係代名詞 that を says の目的語としてとってしまうと袋小路に入ってしまう。そこで再分析して、that を is の主語としてとると袋小路から無事脱出できる。つまり、one collector says は「主節の挿入句化」によって文中に放り込まれたものであるのだ(主節の挿入句化については 16 節を参照)。

袋小路に入ったらそこから抜け出さないといけない。その時に頼りになるのが英文法の知識だ。英文法の知識さえあれば、正しいルートを見つけ出して正しい解釈にたどりつくことができる。

20

進行形に込められた発信者の感情を読みとれ

進行形は単に進行だけを表すわけではない

Recent attempts to pass stricter gun laws are having an unintended effect: AR-15s are flying off store shelves. The rifles and their accessories account for roughly a billion dollars of the $4 billion U.S. gun industry. "The AR-15 is becoming extremely popular among women," said Crowder.

進行形の意味とは何かと問われれば、ほとんどの人が「動作が進行していること」と答えるであろう。でも、これは進行形の意味なんかではない。進行形は、事態が進行しているからこそ、そこに緊張感が生まれ、「すげぇよな」とか「やれやれ、困ったことになったな」といった感情的なものを伝えているのである。つまり、**進行形は、実は、書き手なり話し手の感情が形になったもの**なのだ。そして、この「書き手なり話し手の感情」が進行形の本当の意味であるのだ。

次の文を見てみよう。

(1) Today we are beginning to roll out a new feature called Nearby Friends that you can choose to turn on.
(私どもは今日まさに Nearby Friends という新機能を発表します。これのオン・オフは自分で設定できます。)

これは2014年4月17日付のfacebook newsroomにあった記事

(Introducing A New Optional Feature Called Nearby Friends)からの一節であるが、この文は別に進行形を使う必要がなければ begin to を使う必要もなく Today we roll out ～と書いたってまったく構わない。それなのにあえて begin to を使いしかも進行形まで使っている。begin to を使ったのは、「今日から新機能使えるよ！」といったニュアンスを醸し出すためだ。これだけでも十分発表の緊張感が伝わってくるが、そこに「さぁ、これから発表するぞ！」というワクワク感を盛り込むためにわざわざ進行形にしているのだ。意訳ではこのテンションの高さを「まさに」ということばを使って表している。**進行形は近い未来を表すとかいわれたりするが、大切なのは、書き手がどんな気持ちで書いているかを察してやることだ。**

次の文を見てみよう。

(2) For example, the new entry level 11.6-inch MacBook Air, which retails for $899, is currently being offered by Best Buy for $854.99, the cheapest price currently available from Apple resellers.
(たとえば、MacBook Air の新型 11 インチモデルであるが、これは店頭価格が 899 ドルであるが、Best Buy では 854.99 ドルで売られていてアップルストアでは最安値となっている。)

これは 2014 年 5 月 4 日付の appleinsider にあった記事(Best Buy now offering lowest pre-tax prices on Apple's 2013 & 2014 MacBook Airs, starting at $759)からの一節であるが、普通の受け身文で書けばいいのに、わざわざ受け身の進行形で書かれている。理由は「今

854.99ドルで売られているんだぜ！　早く買わなきゃ！」といった驚きや切迫感を演出するためだ。

次の文を見てみよう。

(3) Even four months after the Mac Pro's initial release, Apple appears to be having problems making enough of the high-end cylindrical desktop computer.
(Mac Proが発売されてから4ヶ月経つが、その筒状のハイエンド・コンピュータの生産にアップルは問題を抱えているようだ。)

これは2014年4月18日付のMacworldにあった記事(Mac Pro shipping delays won't sink Apple profits)からの一節であるが、ここでもあえて進行形を使って書かれている。理由は「ありゃ、アップル読み間違えて生産追いつかないんだ。アップルやっちゃったな。今頃バタバタしているんだろうな」というアップルに対する哀れみや同情を演出するためだ。

では、次の文を見てみよう。

(4) Recent attempts to pass stricter gun laws are having an unintended effect: AR-15s are flying off store shelves. The rifles and their accessories account for roughly a billion dollars of the $4 billion U.S. gun industry. "The AR-15 is becoming extremely popular among women," said Crowder.
(最近の銃規制強化法案を通させようという動きが思わぬ副産物を生み出している。AR15軍用ライフルがバンバン売れているのだ。

ライフルとその備品でアメリカの銃産業40億ドル市場のうち約10億ドルを占めている。「AR15は女性の間で大人気ですごいことになっている」とクラウダーはいう。)

これは2013年4月17日付のCNBCにあった記事(The Rise in Popularity of the AR-15 Among Women)からの一節であるが、進行形が3ヵ所で使われている。Recent attempts to pass stricter gun laws are having an unintended effectとAR-15s are flying off store shelvesとThe AR-15 is becoming extremely popular among womenの3ヵ所である。

Recent attempts to pass stricter gun laws are having an unintended effectで進行形が使われているのは、「いやはや、まさかこんなことが起こるとは」という驚きや困惑のニュアンスを出すためである。意訳では「思わぬ副産物を生み出している」というように「思わぬ」という表現を入れて進行形の裏の意味を盛り込ませている。

AR-15s are flying off store shelvesで進行形が使われているのは、「マジ、バカ売れ。目の前で飛ぶように売れてるわ」という臨場感のニュアンスを出すためである。意訳では「バンバン売れている」というように「バンバン」という表現を入れて進行形の裏の意味を盛り込ませている。

The AR-15 is becoming extremely popular among womenで進行形が使われているのは、「まさか、こんなすごい勢いで女性の間で人気になるとは」という驚きというか意外性のニュアンスを出すためである。意訳では「すごいことになっている」というように「すごい」という表現を入れて進行形の裏の意味を盛り込ませている。
　最後に、オバマ大統領が日本に初訪問したときの講演原稿の一節を見てみよう。

(5) I'll be saying more about this in Singapore, but in the United States, this new strategy will mean that we save more and spend less, reform our financial systems, reduce our long-term deficit and borrowing.
(これについてはシンガポールでもっと話をさせてもらうつもりですが、アメリカでは、この新戦略によって、より貯蓄を増やすことができるだけでなく支出も減らすことができ、さらに金融システムを改革することができれば長期的債務や借り入れを削減することもできるのです。)

出だしのI'll be saying more about this in Singaporeに注意してもらいたいが、ここでは意志を表す助動詞willが使われているだけでなく、進行形で書かれている。よって、かなり感情の入れ込んだ文だと思われるが、意訳の「これについてはシンガポールでもっと話をさせてもらうつもりですが」を見てもらうとわかるように、逆に、感情がいっさい入っていない、私情を完全に排した客観的な文となっている。意外と知られていないが、**未来進行形を使うと、willのもつ意志の意味が完全に排除され、単に予定を表す表現になる**こともある。実際、I will see herは「会うぞ！」というニュアンスの意味の文であるのに対して、I'll be seeing herは「会うことになっている」というニュアンスの文である。このことからわかるように、

進行形は、書き手なり話し手の感情を無にしてしまうこともできるのだ。

進行形には進行の意味しかないのではなく進行以外の意味もあるのだ。進行以外の意味、それが書き手や話し手の感情という意味である。

21

否定語が文頭にあっても否定文とは限らない

倒置があれば否定、なければ肯定

Only when Europe became free did it finally find peace. America has never fought a war against a democracy, and our closest friends are governments that protect the rights of their citizens.

日本語には、いわゆる主語と助動詞の倒置といったものはない。一方、英語にはある。よく知られているように、英語では、wh 疑問文のときだけでなく、否定語が文頭にきたときも主語と助動詞の倒置が起きる。

(1) **What did Hatakeyama buy at Lawson?**
(2) **Nothing did Hatakeyama buy at Lawson.**

否定語が文頭にくることによって、主語と助動詞の倒置が起きるのはよくあることだ。次の文を見てみよう。

(3) **Recall that earlier generations faced down fascism and communism not just with missiles and tanks, but with sturdy alliances and enduring convictions. They understood that our power alone cannot protect us, nor does it entitle us to do as**

we please.
(私たちより上の世代の人たちは、ミサイルと戦車の他に確固たる同盟と不断の信念をもって、ファシズムならびに共産主義と対峙してきました。そして先の世代は、力だけでは私たちを守ることができないばかりか、自由をも手にすることができないことを知っていました。)

これはオバマ大統領の就任演説の一節であるが、nor does it entitle us to do as we please のところを見てもらいたい。否定語の nor が文頭に移動することにより、主語の it と助動詞の does が倒置を起こしている。でも、否定語が文頭にきたら常に主語と助動詞の倒置が起きるかというと、そうでもない。

次の文を見てみよう。

(4) Not long ago it rained.
(ちょっと前に雨が降った。)

(4)では否定語 not long ago が文頭にきている。not long ago は形こそ否定であるが、中身は肯定である。なぜならば、not long ago は a short time ago(ちょっと前)と意味的に同じだからだ。よって、not long ago が文頭にきているといえども、否定語が文頭にきているとはいえない。そのようなこともあり、(4)では否定語が文頭にきていても主語と助動詞の倒置が起きていないのだ。

形こそ否定だが中身は肯定のものもあれば、その逆で、形こそ肯定だが中身が否定のものもある。次の文を見てみよう。

(5) Only when Europe became free did it finally find peace. America has never fought a war against a democracy, and our closest friends are governments that protect the rights of their citizens.
(ヨーロッパは、自由になったときにはじめて平和を手にすることができました。アメリカはこれまで一度たりとも民主主義に抗する形で戦争をしたことがありませんし、私たちの親友は市民の権利を守ってくれる政府なのです。)

これはオバマ大統領のノーベル平和賞受賞演説の一節であるが、第1文の Only when Europe became free did it finally find peace を見てもらいたい。文頭に only when Europe became free という表現がきていて、主語(it)と助動詞(did)の倒置が起きている。上で見たように、主語と助動詞の倒置が起きるのは、原則、wh 疑問文のときと否定語が文頭にきているときだけだ。only when Europe became free は wh の形をしていなければ、どこにも否定的な語もない。なぜ only when Europe became free が文頭にくると主語と助動詞の倒置が起きるのだろうか。

only の意味について考えてみよう。only を日本語に訳すとどうなるだろうか。「〜しか**ない**」となる。この日本語訳からわかるように、実は、**only には否定の意味が含まれている**のだ。だからこそ、only when Europe became free を文頭にもってくると主語と助動詞の倒置が起きるのである。(4)の not long ago とは対称的に、only は形こそ肯定ではあるが意味的には否定であるのだ。

似たような例をもう1つ紹介しよう。

(6) Only when they also encountered radiation did the water bears capitulate — just 10 percent made it.
(さらに放射線を浴びた時にだけクマムシはくたばった。とはいうものの、たった1割しか死ななかったのだが。)

これは2008年11月号のScientific American にあった記事(Extremophiles: Space Suits Them)からの一節であるが、文頭にonly when they also encountered radiationがあり、主語(the water bears)と助動詞(did)の倒置が起きている。理由はもうおわかりであろう。only when they also encountered radiationのonlyに否定の意味があるからだ。

では、次の2つの例を見てみよう。

(7) In no clothes does Mina look attractive.
(8) In no clothes, Mina looks attractive.

これまでの話からわかるように、**否定語が文頭にきていて、主語と助動詞の倒置が起きていたらその文は否定文である。一方、倒置が起きていなかったらその文は肯定文である**。よって、(7)は「ミナは何を着ても魅力的に見えない」という否定の意味になり、(8)は「ミナは服を着ていないと魅力的だ」という肯定の意味になる。倒置が起きているか否かでかくも意味が違ってしまうのである。

22

日本語になじみがない変則的な厄介ルール

時制の一致・不一致に込められた意味

A BlackBerry spokeswoman told ALLThingsD Thursday that the company is indeed pulling out of the Japanese market — at least for the time being.

日本語にはなくて英語にはある文法事項、これは学ぶのに骨が折れる。そういった文法事項はいくつもあるが、その中でもとくに面倒なのが時制の一致である。というのも、**日本語には時制の一致はないが英語にはあり、しかも英語は時と場合によって時制の一致を破ることがある**からだ。そのようなこともあり、私たち日本人が時制の一致を学ぶのは至難の業であり、一筋縄ではいかなかったりする。

次の日本語文とその英訳を見てみよう。

(1) ミサが妊娠しているとハタケヤマは聞いた。

(2) Hatakeyama heard that Misa was pregnant.

(1)の日本語を見てすぐわかるように、日本語には時制の一致がない。もしあれば、主節の動詞「聞いた」に引きずられて従属節の動詞「妊娠している」が「妊娠していた」となってもいいがそうはなっていないからだ。さて、時制の一致のない日本語文(1)を英語に訳したのが(2)であるが、この英訳では時制の一致が見られる。主節の過去時制の動詞 heard に引きずられて従属節の動詞も過去時制の was になっているからだ。

日本語には時制の一致はないが英語にはある。これを確認したところで次の文を見てみよう。

(3) A BlackBerry spokeswoman told ALLThingsD Thursday that the company is indeed pulling out of the Japanese market — at least for the time being.
(ブラックベリーの広報担当者が木曜日に ALLThingsD に伝えたところによると、ブラックベリーは、さしあたっては、日本市場から本当に撤退するつもりだ。)

これは 2013 年 2 月 7 日付の AllThingsD にあった記事(Confirmed: BlackBerry to Stop Selling Smartphones in Japan)からの一節であるが、この文では時制の一致が破られている。主節の過去時制の動詞 told に引きずられて、本来なら従属節の動詞も過去時制の was にならないといけないがそうなっていないからだ。ブラックベリーがまさに今、日本市場から撤退しようとしていることを伝えたく、それであえて従属節を現在時制のままにしているのだ。つまり、ブラックベリーの広報担当者が記事を書いている、まさにその今の視点で書いていることを伝えたくて、それで時制の一致を意図的に破っているのだ。

(3)には注目すべきものがもう 1 つある。従属節の the company is indeed pulling out of the Japanese market — at least for the time being で進行形が使われていることに注意されたい。進行形で

書く必要がないのにあえて進行形で書いている。なぜだろうか。それは「本当に、もう日本市場から撤退する動きがあるんだぜ」という確実性を文から滲み出したいからだ。進行形には確実性を醸し出す演出効果があるのだ。意図的に進行形を使っているのは、記事のタイトル(Confirmed: BlackBerry to Stop Selling Smartphones in Japan)のConfirmed(確実性の高い情報)からもわかるかと思う。記事のタイトルだけでなく本文からも、確実性の高い情報であることを読みとらせ、記事全体に緊迫感と緊張感を与えているのだ。現在進行形のこういった効果については20節を参照。

では、次のスティーブ・ジョブズ(アップルの元CEO)のことばを見てみよう。

(4) I just think he and Microsoft are a bit narrow. He'd be a broader guy if he had dropped acid once or gone off to an ashram when he was younger.
(ゲイツとマイクロソフトはちょっと了見が狭いと思う。若い頃、ドラッグに溺れたりヒンズー教に嵌《はま》ったりしていたら、今頃はもっと了見の広い男になっていただろうに。)

第2文のHe'd be a broader guy if he had dropped acid once or gone off to an ashram when he was youngerを見てもらいたい。高校の英語の授業で習ったかと思うが、仮定法過去完了は「if＋主語＋had＋過去分詞, 主語＋ {would/could/should} ＋have＋過去分詞」の形をとる。一方、仮定法過去は「if＋主語＋過去形, 主語＋ {would/could/should} ＋動詞の原形」の形をとる。これ

を踏まえて(4)の第２文を見てみると、時制の一致が守られていないのがわかる。if he had dropped acid once or gone off ～となっているから、仮定法過去完了の文(つまり過去に関する仮定の話)かと思いきや、主節の He'd be a broader guy を見ると仮定法過去の文(現在に関する仮定の話)になっている。つまり、本来なら He would have been a broader guy とならないといけないのに He'd be a broader guy となっている。

なぜこのような時制の不一致が起きているのだろうか。もうおわかりかと思うが、(3)の場合と同じで、ジョブズは今の視点からゲイツについて語っているからだ。つまり、ゲイツがかつてのジョブズのようにドラッグに溺れたりヒンズー教に嵌《はま》ったりしていたら、過去はもとより今ももっと了見の広い男になっているはずだ……という思いで語っているからだ。

規則を破って書くのは、それなりの理由があってのことだ。その理由をちゃんとわかってあげて読めるかどうかで、書き手の気持ちにどれだけ寄り添えるかが変わってくる。

せっかくなので、もう１つジョブズのことばを紹介しよう。

(5) Our belief was that if we kept putting great products in front of customers, they would continue to open their wallets.
(すばらしい商品をお客の前に出し続けていればお客は財布の紐をゆるめてくれるだろう、というのが我々の考えだ。)

主節の Our belief was that を見ると時制は過去である。従属節の if we kept putting great products in front of customers, they would continue to open their wallets を見ると、こちらも時制は過去で仮定法過去の形をしている。もしかしたら、この仮定法過去の形は時制の一致によるもので、もともとは if we keep putting great products in front of customers, they will continue to open their wallets という条件文であったかもしれない。ジョブズが従属節の部分を現在に関する仮定の話ということで仮定法過去を使っているのか、それとも条件文のつもりで使っているのかはわからない。ただ、ジョブズの商品開発に関する諸々の考えを鑑みると、おそらく条件文のつもりで使っているのであろう。すなわち、(5)は時制の一致が起きている文だと考えられる。

ジョブズの考えに相通じるものとして、次のラルフ・ウォルドー・エマーソン(アメリカの思想家)のことばがある。

(6) **If a man can build a better book, preach a better sermon, or make a better mousetrap than his neighbor, though he builds his house in the woods, the world will make a beaten path to his door.**
(隣人よりいい本を書くなり、いい説教をするなり、あるいはいいネズミ取りをつくれば、たとえあなたが森の中に住んでいようとも、草をかき分けて世界中の人があなたのもとにやってくるであろう。)

この文では動詞が現在形であるから条件文であるのがわかる。いい仕事をすれば自ずと人が注目してくれるとのこと。その通りだと思う。でも、それはエマーソンが生きていた19世紀の時代なら通用するかもしれないが今じゃ通用しないよ、といったのがチャールズ・

ジレットという人である。彼は、上のエマーソンのことばに対して次のようにいっている。

(7) Emerson said that if you build a better mousetrap the world will beat a path to your door, and that may have been true then ... but it's not true now. No one would come. You have to package and promote that mousetrap. Then they will come.
(エマーソンは、人よりもいいネズミ取りをつくれば、世界中の人があなたのもとにやってくるであろうといった。昔はたしかにそうだったかもしれない。でも、今はそうはいかない。誰もあなたのところにはやってはこないであろう。つくったネズミ取りを包装し、そしてそのネズミ取りを宣伝しないとダメである。そうすれば、あなたのところに人が集まってくるであろう。)

見ておわかりの通り、第１文では時制の一致が破られている。今の時代、宣伝しないと誰も振り向いてはくれないとのこと。これも真理である。

どんなに宣伝をしたって、つくったものが粗悪品であるなら、やがて人はそんな商品に見向きもしなくなるであろう。また、宣伝なんかしなくても、いいものであれば、最初は売れ行きがパッとしないかもしれないが、やがて口コミでどんどん売れ息の長い商品となるであろう。

23

前後関係を正確に把握したい not ○○ until △△

notがあっても意味上は否定ではない

> *Write it on your heart that every day is the best day in the year. No man has learned anything rightly, until he knows that every day is Doomsday.*

私だけかもしれないが、英文を読んでいてnot ○○ until △△が出てくると緊張してしまう。なぜならば、○○と△△の時間の前後関係をちゃんと理解しないといけないからだ。

かなりの人が、not ○○ until △△が出てきたら、「△△まで○○しない」と訳してわかったつもりになっているのではなかろうか。でも、それではわかったことにならない。訳してわかったつもりになるのなら、せめて、「△△してはじめて○○する」や「○○できなかった。でも△△したら○○できるようになった」ぐらいは訳したいところだ。

not ○○ until △△の意味をとる上で大切なこと、それは、「△△が起きた後で○○が起きる」という時間関係を完璧に理解することだ。

次のシーモア・クレイ(アメリカの電気工学者で「スーパーコンピュータの父」とよばれる)のことばを見てみよう。

(1) The trouble with programmers is that you can never tell what a programmer is doing until it's too late.

（プログラマーの問題点、それは、時既に遅しとなってはじめて何をしているのか知るということだ。）

上でも述べたように、not ○○ until △△の読解のポイント、それは「△△が起きた後で○○が起きる」という時間関係を把握することだ。(1)では、○○に相当するのがyou can tell what a programmer is doing（プログラマーが何をしているのかを知る）で△△に相当するのがit's too late（時既に遅し）だからこそ、意訳にあるように「時既に遅しとなってはじめて何をしているのか知る」となる。

次の文を見てみよう。

(2) Matthew Stoltzfus could never get his students to see chemistry like he sees chemistry until he added a digital component to his lesson plan.
（マシュー・ストルツフスは、自分が見ているように化学を学生に見せてやることができなかった。が、授業にデジタル機器を取り入れることにより、それが可能になった。）

これは2013年3月6日付のWiredにあった記事（Can the iPad Rescue a Struggling American Education System?）からの一節であるが、なぜ意訳では「授業にデジタル機器を取り入れることにより、それが可能になった」となっているかもうおわかりかと思う。not ○○ until △△の○○に相当するのがMatthew Stoltzfus could get his students to see chemistry like he sees chemistry（マシュー・ストルツフスは、自分が見ているように化学を学生に見せてやることができた）で△△に相当するのがhe added a digital component to his lesson plan（授業にデジタル機器を取り入れた）であり、not ○○ until △△は「△△が起きた後で○○が起きる」と解釈すればいいからだ。

今度は、ビル・ゲイツの次のことばを見てみよう。

(3) Until we're educating every kid in a fantastic way, until every inner city is cleaned up, there is no shortage of things to do.
（すべての子供に最高の教育を受けさせ、そしてすべてのスラム街をなくすことができたとき、そのときはじめてもうやるべきことがなくなったといえる。）

これはnot ○○ until △△の変形バージョンでuntil △△ not ○○の形になっている。○○に相当するのがthere is shortage of things to do（やるべきことがある）で、△△に相当するのがwe're educating every kid in a fantastic way（すべての子供に最高の教育を受けさせること）とevery inner city is cleaned up（すべてのスラム街をなくすこと）である。このことから、なぜ意訳のような訳になっているかわかってもらえるかと思う。

最後、次のラルフ・ウォルドー・エマーソン（アメリカの思想家）のことばを見てみよう。

(4) Write it on your heart that every day is the best day in the

year. No man has learned anything rightly, until he knows that every day is Doomsday.
(毎日がその年で最高の日であると肝に銘じておけ。毎日が最期の日だと思ったとき、そのときはじめて人というのは物事を正しく見られるようになるのだ。)

第2文 No man has learned anything rightly, until he knows that every day is Doomsday は、Man has not learned anything rightly, until he knows that every day is Doomsday と書き換えることができることから、not ○○ until △△の型に当てはめることができる。not ○○ until △△の○○に相当するのが Man has learned anything rightly(人というのは物事を正しく見られるようになる)で、△△に相当するのが he knows that every day is Doomsday(毎日が最期の日だと思う)である。だからこそ、意訳にあるように「毎日が最期の日だと思ったとき、そのときはじめて人というのは物事を正しく見られるようになるのだ」と訳せるのだ。

(4)のエマーソンのことばであるが、次のスティーブ・ジョブズのことばと相通じるものがある。

(5) If today were the last day of my life, would I want to do what I am about to do today? And whenever the answer has been "no" for too many days in a row, I know I need to change something.
(今日が最期の日だとして、今日やろうとしていることをはたして私はやりたいと思うだろうか。くる日もくる日も「No」と答えている

ようなら、何かを変える時がきているということだ。)

皆さんも、毎朝、鏡に映った自分に Would I want to do what I am about to do today? と問いかけてみてはどうだろうか。ちなみに私はそうしているが、私の場合、鏡の中の「自分」が私に向かって Would you want to do what you are about to do today? と問いかけてくる。

24

構文本来の意味を知ってはじめて意味・ニュアンスが理解できる

「the +比較級，the +比較級」本来の意味は「話題提供」

As we've long suspected, the more easy-to-use, reasonably priced alternatives there are, the less likely it is that people will turn to unauthorized sites and services.

受験英語のなかで、受験生泣かせの構文として比較構文がある。いわゆるクジラ構文など、わけのわからないものが多い。そんな魑《ち》魅《み》魍魎《もうりょう》とした比較構文のなかにも、比較的とっつきやすいものがある。いわゆる「the + 比較級，the + 比較級」文である。

「the + 比較級，the + 比較級」文の具体例として、次の(1)-(2)をあげることができる。

(1) The more you have, the more you want.

(もてばもつほど欲しくなる。)

(2) The higher we go up, the colder the air becomes.

(高く登れば登るほど空気が冷たくなる。)

受験英語では、前半の「the + 比較級」と後半の「the + 比較級」が比例関係にあるように訳せばそれでよしとされている。つまり、「the + 比較級，the + 比較級」文をもっぱらどう訳すかに重きが置かれている。逆の言い方をすると、文法的なこと(すなわち文の構造面)についてはほとんど触れられていないのが現状である。そこで、ここでは「the + 比較級, the + 比較級」文の構造面に少し触れてみたい。

次の2つの文を見てみよう。

(3) Hatakeyama gave his book to the student.

(4) To the student, Hatakeyama gave his book.

(3)-(4)では使われている単語がまったく同じである。違いは、(3)ではto the studentが文末にあるのに対して(4)では文頭にあることだけだ。使われている単語が同じであるなら、(3)と(4)の意味は基本的に同じであるはずだ。でも、語順が違うので何かが違うはずだ。

(3)を訳すと「ハタケヤマは自分の本をその学生にあげた」となる。一方、(4)をしいて訳せば、「その学生になんだけど、ハタケヤマは自分の本をあげたよ」となる。つまり(4)は、ある学生のことがすでに話題にあがっていて、その学生を話のトピック(話題)にした上で、その学生について語っているのだ。このように、**話のトピックとなるものを文頭に置いて、そのトピックになるものについて語っている文を話題化構文という**が、実は、**「the + 比較級, the + 比較級」文は話題化構文の一種である**のだ(話題化構文については27節で詳しく見る)。

もう一度(1)-(2)を見てみよう。(1)-(2)を下に繰り返す。

(1) The more you have, the more you want.

(2) The higher we go up, the colder the air becomes.

まず、(1)の文がどのようにしてできているか見てみよう。(1)はもともと you have more, you want more のようなものであった。そして、話題化により more が文頭にきて、more you have, more you want となった。話題化構文では、文頭にあるものは話のトピックであるので、話の流れ上、既に知られているものでないといけない。そのため、既知の情報のマーカー(目印)である定冠詞の the を more につけてやる。そうしてできたのが(1)の「the + 比較級, the + 比較級」文である。

同じことが(2)にもいえ、この文ももともとは we go up higher, the air becomes colder のようなものだった。そして、話題化により higher と colder が文頭にきて、higher we go up, colder the air becomes となった。最後に既知のマーカーである定冠詞 the を higher と colder につけ、(2)の「the + 比較級, the + 比較級」文ができあがっている。

「the ＋比較級 , the ＋比較級」文は話題化構文の一種というよりも、むしろ話題化構文そのものであり、比較構文である以上に話題化構文であるのだ。

「the+ 比較級, the+ 比較級」文が話題化構文であるとわかったところで、次の文を見てみよう。

(5) The harder Austan Goolsbee has worked to implement the administration's borrow-and-spend philosophy, the worse the economy has become.

（グールズビーが政府の「借金をしては使う」という方針を推し進めれば推し進めるほど経済はますます悪化していった。）

これは2011年6月7日付のThe Washington Timesにあった記事(EDITORIAL: Goolsbee heads for the hills)からの一節であるが、これは典型的な「the + 比較級, the + 比較級」文である。The harder Austan Goolsbee has worked to implement the administration's borrow-and-spend philosophyは、もともとAustan Goolsbee has worked harder to implement the administration's borrow-and-spend philosophyというものであった。そして、話題化によりharderが文頭にきて、harder Austan Goolsbee has worked to implement the administration's borrow-and-spend philosophyとなった。話題化構文では、文頭にあるものは話のトピックであるので、話の流れ上、既に知られているものでないといけない。そのため、既知の情報のマーカー(目印)である定冠詞のtheをharderにつけてやる。そうしてできたのが、The harder Austan Goolsbee has worked to implement the administration's borrow-and-spend philosophyである。

一方、the worse the economy has becomeは、もともとthe economy has become worseのようなものだった。そして、話題化によりworseが文頭にきて、worse the economy has becomeとなった。最後に既知のマーカーである定冠詞theをworseにつけ、the worse the economy has becomeができあがっている。

では、次の文を見てみよう。

(6) As we've long suspected, the more easy-to-use,

reasonably priced alternatives there are, the less likely it is that people will turn to unauthorized sites and services.
(私たちがこれまでずっと思っていたことであるが、使い勝手がよくて利用料もお手頃なツールがどんどん出てきてくれれば、いかがわしいサイトやサービスに手を伸ばすこともなくなってくるであろう。)

これは2013年2月27日付のArs Technicaにあった記事(Music piracy down as labels show first revenue growth since 1999) からの一節であるが、この文にはthe more easy-to-use, reasonably priced alternatives there areとthe less likely it is that people will turn to unauthorized sites and servicesからなる「the + 比較級, the + 比較級」文がある。それぞれの文がどうやってつくられているのか見てみよう。

まず、the more easy-to-use, reasonably priced alternatives there areについて見てみよう。これはもともと、there are more easy-to-use, reasonably priced alternativesというものであった。そして、話題化によりmore easy-to-use, reasonably priced alternativesが文頭にきて、more easy-to-use, reasonably priced alternatives there areとなった。話題化構文では、文頭にあるものは話のトピックであるので、話の流れ上、既に知られているものでないといけない。そのため、既知の情報のマーカー(目印)である定冠詞のtheをmore easy-to-use, reasonably priced alternativesにつけてやる。そうしてできたのがthe more easy-to-use, reasonably priced alternatives there areである。

次に、the less likely it is that people will turn to unauthorized sites and services について見てみよう。これはもともと it is less likely that people will turn to unauthorized sites and services のようなものだった。そして、話題化により less likely が文頭にきて、less likely it is that people will turn to unauthorized sites and services となった。最後に既知のマーカーである定冠詞 the を less likely につけ、the less likely it is that people will turn to unauthorized sites and services ができあがっている。

最後に、次のスティーブ・ジョブズのことばを見てみよう。

(7) The broader one's understanding of the human experience, the better design we will have.
(経験に対して理解を深めれば深めるほど、デザインはよりよくなっていく。)

The broader one's understanding of the human experience は、もともと one's understanding of the human experience is broader のようなもので、the better design we will have は、もともと we will have better design のようなものであった。この後どんなプロセスを踏んで(7)の文になったのかはもうおわかりであろう。

「the + 比較級 , the + 比較級」文を訳せただけで満足しているようでは英語に対する意識が低い。英語に対する意識を高めるためにも文の構造に意識を向けるようにしよう。

25

原則通りの形とは限らない英語の構文（1）

「so ～ that 構文」の変化球に惑わされるな

"Google has so many battles in so many different areas that I am concerned they're pushing the boundaries of how many major battles they can have with major companies," said analyst Rob Enderle of the Enderle Group.

受験英語で so ～ that 構文といったものを習ったかと思う。そして、あたかも公式を覚えるかのごとく丸暗記したことかと思う。でも、so ～ that 構文は実は構文とよべるものではない。というのも、公式のように覚えたところで使えなかったりするからだ。**so ～ that という形はあくまで基本形であり、生の英語ではこの基本形が崩されて使われることがよくある**。構文というものを意識しているうちは英語をスラスラ読めないと思っておいた方がよい。

次の文を見てみよう。

(1) I have never met a man so ignorant that I couldn't learn something from him.
(何も学ぶことがないような、そんな無知な人にこれまで会ったことがない。)

これはガリレオのことばであるが、ガリレオがこんなことをいうぐらいだから、私からもガリレオは何かしら学んでくれるのだろう……とちょっと嬉しくなってしまう。まぁ、私は例外だろうが。

さて、この名言はいわゆる so ～ that 構文を使いたくてつくった文であるともいえる。というのも、この文は次のように so ～ that 構文を使わずに書くことができるからだ。

(2) I have never met such an ignorant man that I couldn't learn something from him.

so は副詞である。だから、その後ろには形容詞か副詞がこないといけない。よって、so がきたら自ずと ignorant のような形容詞が続くことになる。一方、名詞を後に続けたいのであれば、so ではなく such を使わないといけない。というのも、上で書いたように、so はその後に名詞をもってくることはできないが such ならできるからだ。したがって、such がきたらその後には an ignorant man のような名詞がくることになる。

so ～ that 構文の変化形として、この such a ～ that 構文がよく受験英語では紹介されるが、この such a ～構文も別に構文とよべるものではない。というのも、次の例にあるように、such の後ろに複数形の表現がくることがあるからだ。

(3) Ancient travelers crossing the turbulent waters that separate Sicily from mainland Italy encountered such frequent hazards that storytellers invented sea monsters to help people make sense of it all.

（古《いにしえ》の旅人が、イタリア本土とシチリアを分け隔てている荒れ狂う海峡を渡ったとき、よく危ない目に遭ったものだ。その危なさがどれ程のものかを人々にわからせるために、語り部たちは、物語の中に海の魔物といったものを登場させたほどだ。）

これは2003年9月号のNational Geographicにあった記事(Monster Bridge for Italy?)からの一節であるが、so ～ that構文やsuch a ～ that構文といったものを機械的に覚えていたらスラスラ読むことはできないであろう。

so ～ that構文なんていう構文もなければ、such a ～ that構文なんていう構文もない。また、**so ～ that構文のthatにせよ、such a ～ that構文のthatにせよ、このthatは、程度を表すthat節を導く接続詞にすぎない。**

では、このことを踏まえた上で、次の文を見てみよう。

(4) Five people have been charged with intentional injury to a Chinese teenager who was so desperate to buy an iPad and iPhone that he sold his kidney for just over £2,000.
（10代の中国人の子があまりにもiPadとiPhoneが欲しく、自分の腎臓をたった2000ポンドちょっとで売ってしまったが、それにかかわった5人の人が起訴された。）

これは2012年4月6日のMail Onlineにあった記事(Desperate Chinese boy, 17, sells kidney for £2,000 to buy an iPad and iPhone)からの一節であるが、なぜsoの後にdesperateがきているかはも

うおわかりかと思う。そして、so ～ that 構文の真相を知った今となっては、上の文もそれなりにスラスラ読むことができたのではなかろうか。ちなみにこの文では、so ～ that 構文の so ～の中に be desperate to ～(～したくてたまらない)が組み込まれている。これに気づけるかどうか、これがこの文をスラスラ読めるかのポイントだったりする。

最後に、次の文を見てみよう。

(5) **"Google has so many battles in so many different areas that I am concerned they're pushing the boundaries of how many major battles they can have with major companies," said analyst Rob Enderle of the Enderle Group.**
(エンダール・グループのアナリスト、ロブ・エンダールは、「グーグルはあまりにも多くの争いをあまりにもいろんなところでしていることもあり、グーグルはこれからもっともっと大企業と大きな争いをしていってしまうのではないかと危惧しています」という。)

これは2013年3月28日のGIGAOMにあった記事(Google introduces same-day delivery for Bay Area online shoppers)からの一節であるが、この文も so ～ that 構文の変形バージョンで、so ～が連続して2回使われている。

構文は大事である。でも、「構文」といったものから脱却しない限り、いつまでたっても英語をスラスラと、しかも精確かつ正確に読むことはできないのだ。

26

名文とキャッチコピーに見る英語の遊び心 (2)

あえてルールを破ることでクールな表現に変身

i'm lovin' it

商品のキャッチコピーは一読しただけではよくわからないものが多い。いや、何度読んでもよくわからないものが多い。ましてや英語ネイティブでないと、どのあたりがキャッチーなのかわからないのが多かったりする。

次のキャッチコピーを見てみよう。

(1) Buy it, sell it, love it
(買って売って愛せよ)

これは eBay(インターネット通信販売会社)のキャッチコピーであるが、it が何を指しているのかよくわからない。英文解釈で大事なことの１つ、それは、代名詞が何を指しているのか突き止めることであるが、キャッチコピーだとそれができないことがあったりする。でも、できないのがよかったりする。というのも、代名詞が指すものを読み手というか消費者に自由に考えさせるのが企業戦略でもあるからだ。

eBay には次のようなキャッチコピーもあるが、

(2) Buy it New, Buy it Now
(新商品を買え、今すぐ買え)

これもitが何を指しているのかよくわからない。eBayには、さらに、(3)のようなキャッチコピーがあるが、

(3) When it's on your mind, it's on eBay
(心に思っているものがあれば、それならeBayにある)

ここで使われているitも何を指しているのかわからない。でも、このわからなさがeBayのスローガンを魅力的なものにしている。

代名詞のitを好んで使うのはeBayだけじゃない。マクドナルドも使っている。おなじみの次のキャッチコピーを見てみよう。

(4) i'm lovin' it

主語のiは自分のことを指しているとして、目的語のitは何を指しているのだろうか。よくわからない。おそらく、自分がもっているハンバーガーなりシェイクのことだろう。しかもこのキャッチコピーには2つの点で文法的におもしろいことがある。まず、「私」を意味するIが小文字で使われているが、これは本来してはいけないことである。でも、これをあえてしているところにマクドナルドのセンスのよさがある。

同じように、意図的に文法的な間違いをしているものに、アップルの次のキャッチコピーがある。

(5) Think different

これは本来Think differentlyとしないといけない。でも、アップルというかジョブズは、文法的な間違いのあるThink differentをあえて採用したのである。まさにThink differentしたのである。ただ、そうはいうものの、Think positiveやYou guessed tightやGo slowのような言い方もあるので、Think differentが完全にダメだとはいえない。

Think differentと似ているけどThink differentとは違った違和感を感じるものに、東京五輪誘致の次の海外向けスローガンがある。

(6) Discover Tomorrow

私は、はじめてこれを見たとき、てっきり「あした、見つけようぜ！」という意味だと思った。つまり、tomorrowは普通に副詞として解釈し、目的語は文脈から察するものだと思っていた。ようするに、Don't drive and drink（飲酒運転するな）と同じようなタイプのものだと思っていた。が、実は、Discover Tomorrowは、東京都によると、「未来（あした）をつかもう」という意味らしい。

何はともあれ、**スローガンはキャッチーで人の心にひっかからないといけない。そのようなこともあり、スローガンにはわざと文法的な「ひねり」が入っていたりする。**

話を元に戻すが、i'm lovin' itにはもう1つ文法的におもしろいところがある。それは'm lovin'のところであるが、高校の英語の授業で習ったように、loveのような状態を表す動詞は、普通、進行形にすることができない。にもかかわらず、ここでは 'm lovin' のように進行形になっている。状態を表す動詞であっても、それを進行形にすると強調のニュアンスが出ることがある。ここでは「ほんと、マックがだ〜い好き！」という「大好き」なことを強調したく、それであえて進行形にしているのだ。こういった進行形の特殊効果については 20 節で詳しく触れた。

さて、先に見た eBay の Buy it, sell it, love it と Buy it New, Buy it Now であるが、声に出して読んでみるとわかるように、語呂がいいばかりかいい感じで韻を踏んでいる。だからこそ、代名詞の it が何を指しているのかわからなくても、またよくわからないキャッチコピーであっても、なんとなく受け入れてしまっているのだろう。

韻を踏んでいるといえば、Intel の次のキャッチコピーも韻を踏んでいる。

(7) Intel Inside
（インテル、はいってる）

ただ、この Intel Inside も、Intel がどこに入っているのか明確にされていない。「リンス・イン・シャンプー」に倣えば、本来 Intel Inside は Intel Inside Your PC とすべきであろう。でも、このように意味を明確にしてしまうとキャッチコピーではなくキャッチレスコピーになってしまう。

最後、次の立て看板のイラストを見てみよう。

Be A Good
Neighbor
PICK IT UP

PICK IT UP の IT が何を指しているのかは一目瞭然だ。口に出して憚られるものを、あえて代名詞で表現しているのがミソである。

27

ネタふりのためなら語順の変更もOK

話題化構文に込められたニュアンス

> *Why they're so vulnerable, no one knows; they may be more susceptible to carcinogens.*

「あっ、○○なんだけど」や「○○といえば」といった前置きというか前振りで話をはじめることがよくある。つまり、まず話の話題となるものをネタ的に出して、それから話をすることがある。そのようなとき、英語ではどういったらいいのだろうか。

次の２つの文を見てもらいたい。

(1) Hatakeyama bought that guitar at Kurosawa Gakki.

(2) That guitar, Hatakeyama bought at Kurosawa Gakki.

(1)と(2)は使われている単語が同じである。違いは、(1)では that guitar があるべきところにあるのに対して、(2)ではあるべきところにないことだけだ。(2)では that guitar が文頭にあるのだが、この場所はトピックの場所である。つまり、話の話題というかネタを振る場所である。したがって、(1)は「ハタケヤマがクロサワ楽器であのギターを買った」と訳せるのに対して、(2)はしいて訳すと「あのギターだけど、あれはハタケヤマがクロサワ楽器で買ったものだよ」となる。(2)のような文を話題化構文というが、これについては既に24節でも見た。
　次の文を見てみよう。

(3) What you can't get out of, get into wholeheartedly.
（避けて通れないことは心を込めてやることだ。）

これはアメリカのジャーナリストのミニヨン・マクローリンのことばであるが、もともとはGet into what you can't get out of wholeheartedlyといった文であった。そして、what you can't get out ofを文頭にもってきたのが(3)である。(3)では、what you can't get out ofがネタ振りの場所にあるので、(3)をしいて訳すと「避けて通れないことだけど、それは心を込めてやることだね」となる。
　では、次の文を見てみよう。

(4) Why they're so vulnerable, no one knows; they may be more susceptible to carcinogens.
（なぜ女性がそんなにも肺ガンに罹りやすいのかは、誰にもわからない。おそらく、発ガン性物質の影響をうけやすいというのがあるのだろう。）

これは2004年1月19日号のNewsweekにあった記事(Blowing Smoke)からの一節であるが、第1文はもともとNo one knows why they're so vulnerableといったものであった。why they're so vulnerableを話のツカミとして使いたいため、わざわざ文頭にもってきている。したがって、(4)の第1文はしいて訳すと、「なぜ女性がそんなにも肺ガンに罹りやすいのかなんだけど、誰にもわからないよ」となる。

次のアインシュタインのことばを見てみよう。

(5) Out of clutter find simplicity; from discord find harmony; in the middle of difficulty lies opportunity.
(ゴチャゴチャしたものの中から簡潔性を見いだし、不調和の中から調和を見いだせ。困難さの中にチャンスはあるのだ。)

第1文のOut of clutter find simplicityはもともとFind simplicity out of clutterといった文であり、第2文のfrom discord find harmonyはもともとFind harmony from discordといった文であった。そして、out of clutterとfrom discordがそれぞれネタ振りの場所にきているのが(5)である。第3文のin the middle of difficulty lies opportunityであるが、この手の構文については9節を参照。

次の文を見てみよう。

(6) You have your brush, you have your colors, you paint paradise, then in you go.
(筆をとり、絵の具をとり、そして楽園を描け。そうしたら、その楽園の中に入っていけ。)

これはニコス・カザンタキス(ギリシャ生まれの作家)のことばであるが、最後のin you goを見てもらいたい。これはもともとyou go inといった文であった。そして、inをネタ振りの場所にもってきてできたのが(6)のin you goである。(6)に見られるyouではじまる文はどれも命令文である(命令文については8節、33節なども参照)。

では、次のオバマ大統領の就任演説の一節を見てみよう。

(7) And we will transform our schools and colleges and universities to meet the demands of a new age. All this we can do. All this we will do.
(そして、新しい時代の要請に応える形で、私たちは学校を、そして大学を変えていきます。これらすべてを、私たちはやることができるのです。これらすべてを、私たちはやらなければならないのです。)

最後のAll this we can doとAll this we will doの2文に注目してもらいたいのだが、ここでも、All thisが本来あるdoの後ろから文頭に移動してきている。ネタ振りとして使うためだ。

次の諺を見てみよう。

(8) What one likes one will do well.
(好きこそものの上手なれ)

この諺がもともとOne will do well what one likesであったのはもうおわかりであろう。そして、what one likesが文頭のネタ振りの場所に移動してきているのももうおわかりであろう。

最後に、次のジョージ・サファイアのことばを見てみよう。

(9) Never tell a lie, but the truth you don't have to tell.
(嘘をつくな。でも、本当のことをいう必要はない。)

第2文の the truth you don't have to tell はもともと you don't have to tell the truth といった文であった。そして、the truth を文頭のネタ振りの場所にもってきてできたのが(9)である。文法的なことはともかく、(9)は箴言である。嘘をつくことと本当のことをいわないことは同じではないのだ。これがわかるようになったらあなたはもう立派な社会人だ。否、会社人だ。

2009年2月24日に行われた、オバマ大統領の施政方針演説の一節を見てみよう。

(10) Those qualities that have made America the greatest force of progress and prosperity in human history we still possess in ample measure.
(アメリカを人類史上最も強く、そして繁栄した国にしてくれたこれらの力を、私たちはまだたっぷりともっているのです。)

この文はもともと We still possess in ample measure those qualities that have made America the greatest force of progress and prosperity in human history のようなものであった。そして、ネタ振りのために those qualities that have made America the greatest force of progress and prosperity in human history が文頭にもってこられた文が(10)である。

もう１つオバマ大統領の演説を見てみよう。

(11) It's the job you thought you'd retire from but now have lost; the business you built your dreams upon that's now hanging by a thread; the college acceptance letter your child had to put back in the envelope.
(定年まで働こうとしていたその職場、その職場も今やないのです。あなたの夢を叶えてくれるはずだったその仕事、今それは一本の糸でかろうじてつながっているだけです。そして合格通知を、あなたのお子さんは封筒に戻さざるを得なかったのです。)

第３文の the college acceptance letter your child had to put back in the envelope に注目してもらいたい。これはもともと your child had to put back the college acceptance letter in the envelope といったものであった。the college acceptance letter をネタ振りしたいがために文頭にもってきたもの、それが第３文の the college acceptance letter your child had to put back in the envelope である。

第２文の the business you built your dreams upon that's now hanging by a thread にも注目してもらいたい。これはもともと you built your dreams upon the business that's now hanging by a thread といったものであった。the business をネタ振りにしたいがために文頭にもってきたもの、それが第２文の the business you built your dreams upon that's now hanging by a thread である。

28

正反対の意味をもちうる否定文に注意

Notがどこにかかるかが意味の分かれ目

We don't believe it's possible to protect digital content ... What's new is this amazingly efficient distribution system for stolen property called the Internet — and no one's gonna shut down the Internet.

英語の否定文は面倒である(21節も参照)。とくに従属節をともなう複文のときは面倒臭さが倍増する。否定語のnotが必ずしも主節の動詞を否定しないからだ。つまり、否定語notが従属節を否定することがあるのだ。**主節にあるnotは主節の動詞だけでなく従属節をも否定することができる**のである。

次の文を見てみよう。

(1) Yuji didn't marry Naoko because she was beautiful.

この文には2つ意味がある。1つは「ナオコが美人だったから、それでユウジはナオコと結婚しなかった」という意味で、もう1つは「ユウジはナオコと結婚したが、それはナオコが美人だったからではない」という意味である。

1つめの意味では結婚しなかったのだから、主節の動詞marryが否定されていることになる。従属節であるbecause節は何ら否定されていない。だからこそ、美人と結婚すると面倒なことが起きかねないから結婚しなかったとか、そういった言外の意味を読みとることができる。ポイントは、(1)を「ナオコが美人だったから、それでユウジはナオコと結婚しなかった」の意味でとる場合、従属節の because 節ではなく主節の動詞 marry が否定されているということだ。

では、2つめの意味「ユウジはナオコと結婚したが、それはナオコが美人だったからではない」について考えてみよう。この場合、ユウジはナオコと結婚したのだから、marry は否定されていないことになる。ではどこが否定されているかというと従属節の because 節である。だからこそ、ナオコの性格がよかったからとか、ナオコが資産家の令嬢だったからとか、そういった理由で結婚したという言外の意味を読みとることができる。ポイントは、(1)を「ユウジはナオコと結婚したが、それはナオコが美人だったからではない」の意味でとる場合、主節の動詞ではなく従属節の because 節が否定されているということだ。

次の文を見てみよう。

(2) Because she was beautiful, Yuji did't marry Naoko.

(1)の because 節を文頭にもってきたもの、それが(2)の文である。この場合、(1)とは異なり、「ナオコが美人だったから、それでユウジはナオコと結婚しなかった」という意味しかない。「ユウジはナオコと結婚したが、それはナオコが美人だったからではない」という意味はないのだ。つまり、because 節を文頭にもってくると、

because 節が否定語 not の勢力範囲から外れ、それで否定語 not は主節の動詞 marry しか否定できず「ナオコが美人だったから、それでユウジはナオコと結婚しなかった」の意味しか出ないのだ。(1) の曖昧性をなくして結婚しなかったことを伝えたければ、because 節を文頭にもってくるといいのだ。

次のスティーブ・ジョブズのことばを見てみよう。

(3) We don't believe it's possible to protect digital content … What's new is this amazingly efficient distribution system for stolen property called the Internet — and no one's gonna shut down the Internet.
(デジタルコンテンツを保護するのは不可能だと思う……盗んだものをビックリするほど効率よくいろんな人に分け与えることができるこの新しいもの、それがインターネットとよばれるものであり、誰もインターネットをやめようなんてもう思わないだろう。)

意訳の「デジタルコンテンツを保護するのは不可能だと思う」を見てもらえばわかるように、第1文の We don't believe it's possible to protect digital content の否定語 not は、従属節(it's possible to protect digital content)を否定している。believe を否定していると考えても従属節を否定していると考えてもジョブズのいわんとしていることに変わりはない。ただ、ジョブズのキャラや物の考え方、そして日頃の言い草などを考えると、ここは従属節を否定していると考えたほうがいい。つまり、「デジタルコンテンツを保護するのは不可能だと思う」の意味でいっていると考えた方がいい。

今度はジョン・レノンのことばを見てみよう。

(4) I still believe all you need is love, but I don't believe that just saying it is going to do it, you know. I mean, I still believe in the fact that love is what we all need.
(俺は、今でも愛こそがすべてだと信じているさ。でも、いうまでもないことだけど、そう言うだけで願いが叶えられるなんて思ってはいないさ。でもね、俺たちに必要なのは愛だってこと、それが事実だってことは今でも信じているよ。)

意訳の「でも、いうまでもないことだけど、そういうだけで願いが叶えられるなんて思ってはいないさ」を見てもらえばわかるように、ここでは、否定語 not が従属節(that just saying it is going to do it)ではなく主節の動詞 believe を否定している。従属節を否定していると考えてはジョンの思いが伝わらない。第一、逆接の接続詞 but があるので、否定語 not は主節の動詞 believe を否定していると考えた方がいい。この例ならびに(3)のジョブズの例からもわかるように、**否定語 not によってどこが否定されているのかは、話し手の気持ちなどいろいろ考えないとわからなかったりする**。

最後に、次の２つの文を見てもらいたい。

(5) Please don't stop it!
(6) Please don't —— stop it!

(5)と(6)は意味が違うのがわかるだろうか。(5)では否定語 not が

stopを否定している。よって、(5)は「やめないで続けてください！」という意味になる。一方(6)であるが、Please don'tといって一息入れてからstop itといっている。よって、否定語notは一息入れた後のstopを否定することができない。したがって、(6)は「お願いです、やめてください！」の意味になる。つまり、(5)と(6)は正反対の意味で、(5)は続けることを嘆願しているのに対して、(6)はやめてくれと嘆願しているのだ。(5)はされて嬉しいことを、(6)はされて嫌なことをしているのであろう。私がいうとヘンな意味にとられそうだが……。なにはともあれ、否定語notを軽く見るなかれ、である。

29

原則通りの形とは限らない英語の構文 (2)

変幻自在の「not only ～ but also」の変化を見逃すな

Our economy is badly weakened, a consequence of greed and irresponsibility on the part of some, but also our collective failure to make hard choices and prepare the nation for a new age.

受験英語では構文の他にもいろんな決まりきったパターンを習う。その一例が not only ～ but also …であるが、これは決まりきっていなかったりする。変幻自在に姿を変え、ちょっと崩れたパターンがよく使われる。どんな崩れ方をするのか見ていこう。

次の文を見てみよう。

(1) Having a vertically integrated approach to product development not only would potentially save Samsung oodles of dollars in the long haul, but it would also ensure a tightly controlled consumer experience than Samsung is currently able to offer.

(商品開発に対して垂直統合型のアプローチをとるのであれば、サムスンは長い目で見て大幅な経費節減をできるだけでなく、今以上に消費者体験をコントロールすることができるであろう。)

これは2013年3月18日付のWiredにあった記事(3 Things Samsung Needs to Overtake Apple)からの一節であるが、not only ～ but also …のalsoがちょっと離れて現れている。大きな崩れは見られないが、alsoが少し離れて使われているだけでも書き手の余裕を感じとることができる。

次の例を見てみよう。

(2) I speak to you not just as a President, but as a father, when I say that responsibility for our children's education must begin at home.
(私たちの子どもに対する教育の責任、それが家庭からはじまると私がいうとき、私は大統領としての立場だけでなく一人の父親としての立場からも発言しています。)

これは2009年2月24日に行われたオバマ大統領の施政方針演説からの一節であるが、not only ～ but also … のonlyがjustになり、さらにalsoが抜け落ちている。これぐらい崩れると、一読しただけではnot only ～ but alsif … のパターンを見破るのは難しいかもしれない。でも、この手のものはよくある。

次の例を見てみよう。

(3) Apple owns not just the hardware in its devices, but the software, the APIs, the App Store, iTunes content, all the way down to its Apple Store distribution channels, Apple Care, and the Genius Bar for continued service after you've

purchased a device.
（アップルはハードウェアだけでなく、ソフトウェアにAPI、それにアプリストアやiTunesのコンテンツ、さらにはアップルストアの流通チャンネルやApple Care、また商品購入後の継続的なサポートを提供するGenius Barも扱っている。）

これは2013年3月18日付のWiredにあった記事（3 Things Samsung Needs to Overtake Apple）からの一節であるが、ここでも、（2）と同じように、not only ～ but also … のonlyがjustになり、さらにalsoが抜け落ちている。**not just ～ but … は1つの形として覚えてしまってもいい**ほどだ。

次の例を見てみよう。

（4） At these moments, America has carried on not simply because of the skill or vision of those in high office, but because We the People have remained faithful to the ideals of our forbearers, and true to our founding documents.
（こういった時であっても、アメリカはなんとかやってこれたのであるが、それは、高官の能力とビジョンによるところもあるが、私たち国民がご先祖様の理念を守り続け、さらには建国の文書に忠実であり続けたからだ。）

これはオバマ大統領の就任演説からの一節であるが、今度は、not only ～ but also … のonlyがsimplyになり、さらにalsoが抜け落ちている。つまり、（2）-（3）のnot just ～ but … のjustがsimplyに変わった形になっている。not just ～ but …というパターンをちょっとアレンジしたものだといえる。

では、次の文を見てみよう。

(5) In this new era, opening other markets around the globe will be critical not just to America's prosperity, but to the world's, as well.
(この新しい時代においては、世界中の他の市場を開くことは、アメリカの繁栄のみならず世界全体の繁栄のためにも不可欠なことである。)

これは2009年11月14日にオバマ大統領が日本初訪問時に演説したときのものだが、今度はnot only ～ but also … のonlyがjustになり、alsoがas wellになって文末に置かれている。つまり、(2)-(3)のnot just ～ but …にas wellが追加された形になっている。not just ～ but …というパターンのヴァリエーションの1つともいえる。いい感じに崩れていて格好いい。

最後に、次の文を見てみよう。

(6) Our economy is badly weakened, a consequence of greed and irresponsibility on the part of some, but also our collective failure to make hard choices and prepare the nation for a new age.
(アメリカの経済はかなり弱っている。これは、一部の人物の貪欲と無責任によるものであるとともに、私たちが厳しい選択をするこ

とをこれまで避けてきて、次世代の我が国のために準備をすることを怠ってきたことにもよる。）

これはオバマ大統領の就任演説からの一節であるが、ここでは not only ～ but also … の but also のみがある。つまり、not only ～ but also … の not only が抜け落ちてしまっているのだ。a consequence of の of の後ろに本来 not only があるはずだが、落ちてしまっているのだ。究極の崩れである。ここまでくると芸の域に入る。

not only ～ but also …で only が just や simply になっていたり、also が欠落していたり、また but also の also が離れて現れていたり、also の代わりに as well が使われていたりする。さらには、not only が抜け落ちてしまっていることもある。パターンはあくまでパターンであり、パターンだけ覚えていても使えないことがわかってもらえたかと思う。

30

エスプリが詰まった「究極の擬人化」文を味わう

まるごと覚えてビジネスでも使ってみたい、生きた英語表現

> *"We've been dealing with that issue for a long time," Page said. "Fundamentally search is an amazing thing for publishers and software developers and other apps. I think, in general, the information wants to be found.*

擬人化は国語の授業で扱われたぐらいで、英語の授業ではほとんど扱われなかったのではなかろうか。とはいうものの、皆さんは、無生物主語の形で既に擬人化には触れている。This drug will make you feel happy や Hard work killed my father にしても、いわゆる無生物主語の文ではあるが、これらは一種の擬人化の文である。無生物主語のような擬人化もどきではなく、正真正銘の擬人化もある。そして、この正真正銘の擬人化から英語らしさを感じることができるのだ。

H・ジャクソン・ブラウンJr(アメリカの作家)の次のことばを見てみよう。

(1) Opportunity dances with those already on the dance floor.
(チャンスは既に準備ができた状態の人に訪れる。)

ダンスできるのはいきもの(というか人)に限られる。ここでは

opportunity(チャンス)があたかも人のように扱われている。
次のアメリカ陸軍の訓練教則を見てみよう。

(2) When the pin is pulled, Mr. Grenade is not our friend.
(信管を抜いたら、手榴弾氏はもう我々の仲間ではない。)

grenade(手榴弾)にMr.が付けられ、grenadeがあたかも人間のように扱われている。究極の擬人化といえよう。
では、次の文を見てみよう。

(3) "We've been dealing with that issue for a long time," Page said. "Fundamentally search is an amazing thing for publishers and software developers and other apps. I think, in general, the information wants to be found."
(「私たちはその問題について長いこと取り組んできました。基本的に検索というのは、パブリッシャーにとってもソフトウェアの開発者にとっても、そして他のアプリにとっても驚くべきものです。一般論ではありますが、私は、情報というのは見つけたがられているものだと思うのです」とペイジはいう。)

これは2013年4月18日付のTechCrunchにあった記事(Larry Page Says Mobile Apps Won't Hurt Search: 'The Information Wants To Be Found')からの一節であるが、最後のthe information wants to be foundが擬人化されている。want(欲する)することができるのは通常いきもの(というか人)に限られるからだ。

最後に、次の文を見てみよう。

(4) Information wants to be free.

(情報は自由であることを欲する。)

これはスチュアート・ブランド(『The Whole Earth Catalogue』の編集者として有名)のことばであるが、(3)と同様に、Informationをあたかもいきもののように扱っている。

擬人化した文を見ると文が生きているかのように思えるのは、私だけだろうか。

31

バラエティ豊かな強調表現を使いこなす

上手に使って表現にメリハリをつける

It is a conundrum that has frustrated pediatricians for decades: children get sick and need drugs, yet few medications have been approved for their use.

高校の英語の授業で強調構文といったものを習ったかと思う。It is α that … で、強調したいものをαのところに置くといったあれである。3節で詳しく見たように、英語では文末にスポットライトが当たる。よって、強調したいものを文末にもってくればいいのだが、もちろん、強調構文を使って強調したっていい。ただ、強調構文は万能ではなく、動詞は強調できない。また意外なものが強調できたりもする。高校生に戻ったつもりで、あらためて It is α that … 構文について見てみよう。

次のウィリアム・ギブソン(アメリカの小説家)のことばを見てみよう。

(1) I think that technologies are morally neutral until we apply them. It's only when we use them for good or for evil that they become good or evil.

(テクノロジーは、それが実際に使われるまでは倫理的に中立であると思う。テクノロジーに善悪がともなうのは、善と悪のためにそれを使う時に他ならない。)

第2文のIt's only when we use them for good or for evil that they become good or evilは典型的な強調構文である。ただ、強調されているのがonly when we use them for good or for evilという節であることもあり、ここがちょっと典型的でなかったりする。

次の文を見てみよう。

(2) It was then that America's commitment to the security and stability of Japan, along with the Japanese peoples' spirit of resilience and industriousness, led to what's been called "the Japanese miracle" — a period of economic growth that was faster and more robust than anything the world had seen for some time.
(アメリカが日本の安全と安定にたずさわり、そして日本人が勤勉で根性があることと相まって、いわゆる「日本の奇跡」が生まれたわけですが、つまり、どの国よりも速く、そして揺るぎない経済発展を日本はしたのですが、それは他ならぬその時だったのです。)

これはオバマ大統領が日本に初訪問した時の講演原稿の一節であるが、典型的な強調構文である。ただ、強調されているのが副詞のthenということもあり、ここがちょっと典型的でなかったりする。

今度はアインシュタインのことばを見てみよう。

(3) Most people say that it is the intellect which makes a great scientist. They are wrong: it is character.
(ほとんどの人が偉大な科学者は知性によってつくられるという。しかし、それは間違っている。偉大な科学者は人格によってつくられるのである。)

第1文の it is the intellect which makes a great scientist が典型的な強調構文であるが、It is α that … の that の代わりに which が使われているところがちょっと典型的ではない。

次の文を見てみよう。

(4) It is not the employer who pays the wages. Employers only handle the money. It is the customer who pays the wages.
(賃金を払うのは雇用主ではない。雇用主はただお金を扱っているだけだ。賃金を払っているのはお客さまだ。)

これはヘンリー・フォード(アメリカの企業家でフォード・モーターの創設者)のことばであるが、第1文の It is not the employer who pays the wages と第3文の It is the customer who pays the wages が典型的な強調構文である。が、it is α that … の that の代わりに who が使われているところがちょっとだけ典型的でない。第2文の Employers only handle the money であるが、only によって動詞 handle が強調されている。動詞は It is α that … 構文で強調できないので、それで仕方なくこんなやり方で強調している。

では、次の文を見てみよう。

(5) It is a conundrum that has frustrated pediatricians for decades: children get sick and need drugs, yet few medications have been approved for their use.
(他ならぬ次の問題が小児科医を何十年にもわたってイラつかせてきた。その問題とは、子供の体調が悪くなり薬を必要とするのだが、薬を子供に服用させていいのかまったく立証されていないということだ。)

これは2012年8月号のScientific Americanにあった記事(Not Just "Small Adults")からの一節であるが、これも典型的な強調構文である。ちなみにa conundrumの内容がコロン(:)以下に紹介されている。

動詞はIt is α that … 構文を使って強調できない。だからこそ、(4)では副詞のonlyを使って動詞が強調されていた。がんばって動詞を強調している例をもう少し紹介しよう。

(6) I really do think that architecture students will come here to see it.
(建築科の学生なら、これを見に必ずここにくると私は本当に心の底から思うのです。)

これは2013年4月4日付のBloomberg Businessweekにあった記事(Inside Apple's Plans for Its Futuristic, $5 Billion Headquarters)

からの一節であるが、do を使うだけでは強調が足りないのか、さらに副詞の really を使って動詞 think が強調されている。がんばって強調しているなと思う。そのあたりのがんばりを意訳では「本当に心の底から思う」として表している。

がんばって動詞を強調している例をもう 1 つだけ紹介しよう。

(7) Facebook employees sure do love Mark Zuckerberg.
(フェイスブックの社員は心の底からマジでマーク・ザッカーバーグを愛している。)

これは 2013 年 3 月 15 日付の VentureBeat にあった記事(Glassdoor: Mark Zuckerberg rated top CEO, Apple's Tim Cook plunges to 18)からの一節であるが、ここでも do を使って強調するだけでは不十分なのか、副詞の sure も使って動詞 love を強調している。do と sure のがんばりを意訳では「心の底からマジで愛している」として表している。

いろんな強調の仕方がある。どの強調方法を使うかはあなた次第だ。

32

現在分詞か？　動名詞か？
それが問題だ！

ビジネス文書で避けて通れない厄介者の見分け方

Confirmed: BlackBerry to Stop Selling Smartphones in Japan

現在分詞も動名詞も、動詞に-ingがついた形をしている。したがって、動詞に -ing がついたものを文中で見かけたら、それが現在分詞なのか、それとも動名詞なのか即座に判断しないといけない。では、どういった基準に基づいて判断したらいいのだろうか。

次の英文を見てみよう。

(1) Listening to a victim of sexual assault or a survivor of a natural disaster, social workers hear traumatic stories. Recounting these upsetting events helps victims heal, but, says a recent study, can hurt social workers in the process.
(性被害者や自然災害の生還者の声にしっかり声を傾けると、ソーシャル・ワーカーは知らず知らずのうちに心に傷を負ってしまうような話を耳にしてしまう。こういった度肝を抜くような出来事を事細かく話すことにより、被害者の心の傷は癒えるのだが、最近の研究によると、一連の治療の過程で、ソーシャル・ワーカーの方が心の傷を追ってしまうことがあるのだ。)

これは2007年2月19日号のNewsweekにあった記事(PTSD For

Social Workers, the Price of Caring）からの一節であるが、まず最初の文 Listening to a victim of sexual assault or a survivor of a natural disaster, social workers hear traumatic stories. を見てもらいたい。動詞に -ing のついた Listening で文がはじまっている。これを見ただけでは、この Listening が現在分詞なのか動名詞なのかわからない。もし現在分詞であれば、現在分詞が率いる従属節がしばらく続き、その後に主節がくるはずだ。この文を見ると、しばらくすると social workers hear traumatic stories という主節とみなせるものが出てくる。よって、この文は分詞構文とみなすことができ、文頭の Listening を現在分詞と判断することができる。

では、第 2 文の Recounting these upsetting events helps victims heal, but, says a recent study, can hurt social workers in the process. を見てみよう。この文も Recounting という動詞に -ing のついたものではじまっている。この Recounting も現在分詞であろうか。もし現在分詞であるなら、後ろの方に主節となるものが現れるはずだ。でも、この文には主節となるものが後半現れず、節は 1 つしかない。これらのことから、文頭にある Recounting は現在分詞ではなく動名詞であることがわかる。動名詞は名詞である。しかも動詞的な働きをあわせもっている。**動詞的な機能もあわせもっている名詞、それが動名詞である**のだ。名詞であるから文の主語になれる。実際、この文では、Recounting these upsetting events が主語として機能している。また、Recounting は動名詞であるので動詞としての機能ももっている。だからこそ、直接 these upsetting events を目的語としてとれているのだ。

さて、動名詞であるが、上でも書いたように、名詞であるがゆえに、主語や目的語になれる。動詞は目的語として、しばしばto不定詞や動名詞をとるが、一部の動詞は動名詞しかとれない。次の文を見てみよう。

(2) It is sometimes necessary to play the fool to avoid being deceived by clever men.
(利口な人間に騙されないためにも、時にバカなフリをするのも必要だ。)

これはフランスのモラリスト、フランソワ・ド・ラ・ロシュフコーのことばである。賢いフリをしてもすぐにバレる。しかもバレた後は目も当てられない。一方、バカなフリは意外とバレなかったりする。しかもバレた後は自分の株が上がる。その意味でも、どうせフリをするのならバカのフリをした方がいい。ただ、バカのフリはバカじゃできないし、バカじゃない人がやるからこそのバカのフリになるわけで、その意味でも、バカのフリというのは特殊能力を要する。

さて、バカのフリの話はこれぐらいにし、上の名言のavoid beingのところに注目してもらいたい。受験英語をしっかりやった人ならおわかりのように、avoidの後ろにはto不定詞はこられず動名詞しかこられない。だからこそ、上の名言ではavoid beingとなっているのだ。このように動名詞を必ずとる動詞がいくつかあるが、代表的なものをあげると次のようなものがある。

(3) mind, enjoy, give up, avoid, finish, escape, practice, stop

これらの動詞(の頭文字)を見て「メガフェプス(megafeps)」を思い出した人も少なくないと思う。今でも受験英語の定番だと思うが、「メガフェプスは動名詞をとる」と高校や予備校で教えてもらっているかと思う。さて、そんな「メガフェプス」であるが、最後の「ス」つまりstopは動名詞のみならずto不定詞もその後にこられる。しかし、動名詞がくるかto不定詞がくるかで意味が大きく異なってくる。もうおわかりの通り、たとえば、John stopped smokingだとタバコを吸うのをやめるや禁煙状態に入るという意味であるが、John stopped to smokeだとタバコを吸うために立ち止まるという意味である。すなわち、タバコを吸うか吸わないかで意味がまったく違うのだ。

では、このことを踏まえた上で2013年2月7日付のALLThingsDにあった記事のタイトルを見てみよう。

(4) Confirmed: BlackBerry to Stop Selling Smartphones in Japan

(確実：ブラックベリーは日本でのスマホの販売を停止する予定)

Stop Sellingとなっているので、ここは間違っても「日本でスマホを販売するためにブラックベリーが営業を停止する」という意味ではなく、「日本でスマホの販売を停止する」という意味になる。さらっと訳せそうなタイトルではあるが、100%理解しようと思ったら、「メガフェプス」の「ス」の特異性についてしっかり理解していないといけないのだ。

ちなみに、意訳では「販売を停止する予定」としているが、「予定」といった未来の意味はどこから読み取れるのだろうか。もうおわかりかと思うが、to Stop Selling の to のところである。つまり、タイトルで to 不定詞が現れたら、それは未来を表すのである(もちろん、文脈によっては目的や結果の意味で解釈することもある)。たとえば、Fast Retailing to set up Bangladesh business(ファースト・リテーリングがバングラディシュでビジネスを開始する予定である)といった新聞記事のタイトルにしても、to 不定詞は未来の意味で解釈される。

英文を読んでいてよく見かける動名詞であるが、動名詞の本質を知れば読みの精度もいっきに上がるのだ。

33

トリッキーな独立分詞構文を読み解く

原則から逸脱した文の意味を正確に把握する

According to Woz, Apple is "somewhat behind with features in the smartphone business," adding that "others have caught up. Samsung is a great competitor. But precisely because they are currently making great products."

英語が読める人でもわかったつもりになっている文法事項がある。つまり、英語が読めている人でもなんとなく解釈して読めたつもりになっている文法事項がある。それが分詞構文である。分詞構文を理解するには分詞構文がいかにしてつくられるのかを知る必要がある。そこで、まずは分詞構文のつくり方について見てみよう。

次の例を見てもらいたい。

(1) When marrying, ask yourself this question: Do you believe that you will be able to converse well with this person into your old age? Everything else in marriage is transitory.
(結婚するにあたり、自分自身に次の問いを問いかけてみよう。年をとってもこの人といろいろ語り合えることができるだろうか。他のことなんて結婚したら変わるもんだ。)

これはドイツの哲学者フリードリッヒ・ニーチェのことばであるが、

なかなか深いところを突いていると思う。だからといって、私と女房の間で最近会話らしい会話がないとかそんなことは……。

さて、上のニーチェの When marrying, ask yourself this question のところに注目してもらいたい。これは、もともと次のような形をしていた。

(2) When you marry, ask yourself this question.

そして、この文をもとに When marrying, ask yourself this question という分詞構文がつくられたのであるが、そのプロセスをちょっと見てみよう。

まず、主節の命令文 ask yourself this question であるが、この命令文には目に見えない(つまり音のない)主語 you がある。その証拠に、目的語が yourself となっているし、命令文の付加疑問文をつくるとなると、文末には will you? や won't you? がつく(例：Close the door, {will, won't} you?)。目には見えない主語 you を [you] と書くと、もとの文は次のように書き表すことができる。

(3) When you marry, [you] ask yourself this question.

この(3)をベースに分詞構文をつくっていくのだが、まずやるべきことは接続詞の省略である。そうすると(3)は次のようになる。

(4) you marry, [you] ask yourself this question.

上の(4)では、従属節(つまり you marry)と主節([you] ask yourself this question)の主語が同じである(つまり、ともに you である)。そこで、従属節の主語 you を省略してやる。そうすると次のようになる。

(5) marry, [you] ask yourself this question.

そして、この(5)の動詞 marry を現在分詞にしてやると次の分詞構文ができあがる(次の(6)では音のない主語 [you] を省略してある)。

(6) Marrying, ask yourself this question.

これはこれで立派な分詞構文の文であるが、でも、これだともともとどんな接続詞があったのか見当がつかない。そこで、いったん省略してやった接続詞 when を復活してやる。そうすると次の文ができあがるが、

(7) When marrying, ask yourself this question.

これが他ならぬニーチェのことばの前半部分であるのだ。ニーチェのことばを完璧に理解しようと思ったら、実はここまで考えないといけないのだ。

では、このことを踏まえた上で、次の例を見てもらいたい。

(8) According to Woz, Apple is “somewhat behind with

features in the smartphone business," adding that "others have caught up. Samsung is a great competitor. But precisely because they are currently making great products."
(ウォズニアックはいう。アップルは「スマホ業界では機能面で幾分遅れをとっている。他社は追い上げてきているし、サムスンは強力なライバルとなり、実際、他社は最近いい製品を世に送り出している。」)

これは2013年2月7日付のTUAW(The Unofficial Apple Weblog)にあった記事(Woz: Apple 'somewhat behind' on smartphone features)からの一節だが、これを読んで皆さんは何も違和感を感じなかったであろうか。たぶん何も感じなかったかと思うし、かくいう私も感じなかった。が、ちょっと文法にうるさい人だとこの文に「物言い」をつけたりする。

見ておわかりのとおり、adding that ～のところがいわゆる分詞構文であるが、**分詞構文の主語が落とせるのは、原則、主節の主語と同じときに限る**。主節と従属節の主語が違う場合は、It being fine tomorrow, I will go to the rock festival. のように従属節の主語を残さないといけない。

では、このことを踏まえた上で、もう一度(8)の英文を見てみよう。ここではaddingの主語が省略されているが、この省略された主語は、間違っても主節の主語のAppleではない。ましてや、この記事を書いている執筆者でもない。では省略されているaddingの主語は何かというと、文脈からわかるようにWozである。でもWozは主節の主語ではない。主節の主語はあくまでもAppleである。このような文法から逸脱した生の英語を完璧に読みこなすためにも、最低限の英文法の知識が必要であるのだ。

文法オタクから「物言い」がつかないように(8)を書き換えるとしたらどうしたらいいであろうか。分詞構文を使おうとするから「物言い」がつけられるのだ。それならば、分詞構文を使わないで書いてやったらいい。**日本語で‘「○○△△」と太郎がいった’を英語にすると、よく、“○○,” said Taro. “△△.” といったように書く**。そこで(8)を次のように書き換えてやろう。

(9) “Apple is somewhat behind with features in the smartphone business,” said Woz. “Others have caught up. Samsung is a great competitor. But precisely because they are currently making great products.”

これなら問題がない。文法オタクから「物言い」もつかないであろう。

最後に次の文を見てみよう。

(10) If found to be in violation of California Financial Code, penalties can be severe ranging from $1,000 to $2,500 per violation per day plus criminal prosecution which could result in fines and/or imprisonment.

(カリフォルニアの金融コードに抵触するのであれば、かなり厳しい罰則が科せられ1日あたり1000ドルから2500ドルの罰金を支払わねばならい。さらに有罪となれば罰金ならびに懲役も科せられることになる。)

これは2013年6月23日付のForbesにあった記事(Bitcoin Foundation Receives Cease And Desist Order From California)からの一節だが、分詞構文のIf found to be in violation of California Financial Codeに注目してもらいたい。普通に考えると、これはもともとIf they (= penalties) are found to be in violation of California Financial Codeであったと考えられる。が、「違反がカリフォルニアの金融コードに抵触する」というのは意味不明である。では実際何がカリフォルニアの金融コードに抵触するおそれがあるかというと、記事のタイトルからわかるように、ビットコイン・ファンデーション(Bitcoin Foundation)である。すなわちこの文も、(8)と同じように、読んでなんとなく意味がわかるけど実は文法的ではない文であるのだ。

このように、文法からあきらかに逸脱しているのに、なんとなく読めてしまうものがある。が、文法をちゃんと知った上でなんとなく読めてしまうのと、文法をよく知らずになんとなく読めてしまうのとでは、読みの深さに雲泥の差があることを知っておいた方がよい。

34

「という」もwith、「さらに」もwith

意味はさまざま、with 付帯状況の with

Anyway, happy birthday Twitter. Enjoy the balloons. Because your next project is to reach a billion users — without people getting bored with this thing.

受験英語の定番に with 付帯状況がある。with 付帯状況とは、「接続詞 **with** ではじまる独立分詞構文が主節に**付帯**する形で存在し、しかもその意味が主に**状況**を表すもの」を略したものである。すなわち with 付帯状況とは独立分詞構文の一種というか独立分詞構文そのものである。その意味では「with 付帯状況」とあらためて紹介することもなかったりする。

次の2つの文を見てみよう。

(1) Hatakeyama played the guitar, with his mouth full of picks.

(2) Hatakeyama played the guitar, his mouth full of picks.

(1)と(2)の違いはただ1つ、with があるかないかである。(1)はいわゆる with 付帯状況の文である。その一方、(2)はいわゆる独立分詞構文の文である。(1)と(2)からわかるように、実は、with 付帯状況とは独立分詞構文で、一度省略した接続詞の with が復活したものである。ここで重要なのは、with は接続詞だということだ。

教科書や辞書ではwithは前置詞として紹介されているかと思うが、withを前置詞と見ていたのではwith付帯状況の本質が見えてこない。つまり**with付帯状況は独立分詞構文であり、with以下には文があるということが見えてこない。**

with付帯状況の本質がわかったところで、次の文を見てみよう。

(3) With On-Head Detection enabled, Glass activates when you put it on.
(グーグル・グラスを装着すると、装着センサーが搭載されていることもあり、グーグル・グラスはすぐに起動するようになっている。)

これは2013年4月22日付のGoogle Glass APPsにあった記事(Google Glass controlled by winking – code, hardware and official google info)からの一節であるが、この文はもともとOn-Head Detection enabled, Glass activates when you put it onといった独立分詞構文であった。そして、一度省略した接続詞のwithを復活させてやって(3)をつくっているのである。

分詞構文ではよくbe動詞が省略されるが、(3)のWith On-Head Detection enabledでもbeingが省略されている。With On-Head Detection being enabledのようにbeingを補って読めば文意がよりつかめるであろう。**接続詞のwithは、接続詞のasと同様に、万能の接続詞でいろんな意味にとれる。**(3)のWith On-Head Detection enabledのwithは「状況」を意味しているというよりも、むしろ「原因・理由」を意味している。そのようなこともあり、意訳では「装着センサーが搭載されていることもあり」というように理由の意味合いを含ませて訳している。

次の例でも being が省略されている。

(4) Apple appears stuck in an iPhone product cycle, with a new phone typically launched in the second half.
(一年の後半で iPhone の新商品を出すというサイクルにアップルは囚われているように思える。)

これは 2013 年 3 月 14 日付の Reuters にあった記事(Samsung Galaxy S4 blitz may prompt Apple rethink)からの一節であるが、with a new phone typically launched in the second half の with 付帯状況に注目してもらいたい。ここでも本来 typically の前にあるはずの being が省略されている。また、(4)の with 付帯状況の接続詞 with であるが、これは同格の意味合いをもっている。なぜならば、with 以下には、an iPhone product cycle(iPhone の新商品発売のサイクル)の内容が書かれているからだ。だからこそ、意訳では「一年の後半で iPhone の新商品を出すという」というように「という」といった同格のニュアンスをもつ表現を使っている。このように、with **付帯状況では、まず欠けている being などを補い、その上で接続詞 with の意味を考えるのが何よりも大事**だ。

今度は、being が省略されずに残っているケースについて見てみよう。

(5) In his tests, Mr Kriesel found that often the number “6” would be turned into an “8”, and vice versa, with other

numbers being affected too.
(クリーゼル氏の調査によると、数字の6が8に変わってしまい、またその逆もあり、他の数字にも影響が出てしまっているようだ。)

これは2013年8月7日付のBBC Newsにあった記事(Confused Xerox copiers rewrite scanned documents, expert finds)からの一節であるが、コピーすると数字が変わってしまうことを報告したものである。文末にあるwith other numbers being affected tooを見てもらえばわかるように、このwith付帯状況ではbeingが省略されずに残っている。しかも、意訳からわかるように、このwith付帯状況の接続詞withは「さらに」といった意味合いをもっている。**「with付帯状況」といえども常にwithに状況の意味合いがあるわけではない。withはまさに状況に応じて訳し分けないといけない**のだ。

同じように動詞が省略されずに残っている例をもう1つ紹介しよう。

(6) The Cupertino company also dominates when it comes to smartphone profits, with Apple reaping 70 percent of smartphone gains in 2012 to Samsung's 25 percent.
(スマホの売上を考えてもアップルはダントツであり、2012年のスマホの売上のうちアップルは70%を占め、それに対してサムスンは25%を占めている。)

これは2013年3月18日付のWiredにあった記事(3 Things Samsung Needs to Overtake Apple)からの一節であるが、文末

の with Apple reaping 70 percent of smartphone gains in 2012 to Samsung's 25 percent を見てもらいたい。ここでも(5)と同じように、動詞が省略されずに残っている(そもそも reap のような一般動詞は be 動詞とは違って省略できない)。さて、この with 付帯状況の接続詞 with であるが、意訳を見るとわかるように、具体例を導く働きをしている。このように、**with 付帯状況の接続詞 with は接続詞 as と同様に、文脈(すなわち状況)に応じて理由の意味でとったり、同格の意味でとったり、追加の意味でとったり、例示の意味でとったりしないといけない**のだ。

では、with 付帯状況の本質がわかったところで、次の文を見てみよう。

> **(7) Anyway, happy birthday Twitter. Enjoy the balloons. Because your next project is to reach a billion users — without people getting bored with this thing.**
> **(何はともあれ、ツイッターよ、誕生日おめでとう。そして、これまでの成功を享受しちゃってください。だって、ツイッターの次の目標、それはユーザを 10 億人まで増やすことですから。しかもつぶやくのに飽きさせないで。)**

これは 2013 年 3 月 21 日付の Splat F にあった記事(7 Things That Could Have Killed Twitter, But Didn't)からの一節であるが、文末の without people getting bored with this thing に注目されたい。これは with 付帯状況の否定バージョンで、without 付帯状況ともいえるものである。without people getting bored with this thing を

with people not getting bored with this thing と言い換えることができることからも理解してもらえるかと思う。意訳では「飽きさせないで」となっているが、これは with 付帯状況に否定の意味合いをもたせているからだ。with 付帯状況の本質がわかっていれば、without 付帯状況も難なく処理できるのだ。

with 付帯状況について十分理解してもらったところで、最後に、復習を兼ねて次の文を見てみよう。

(8) The San Francisco-based digital agency was founded nine years ago with a focus on the user experience on smart apps, digital products, and online communities.
(サンフランシスコに拠点を置くその IT 企業は、9 年前に設立され、スマホのアプリにデジタル製品、それにオンラインコミュニティのユーザ体験に力を入れている。)

これは 2013 年 5 月 28 日付の ZDNet にあった記事(Adobe acqui-hires design agency Ideacodes for Creative Cloud team)からの一節であるが、with a focus on ～は focus on と読むのではなく、focus の後ろに being を補って読んでやる。つまり with 以下に文を読みとって読んでやるのだ。with 付帯状況は独立分詞構文で with は前置詞ではなく接続詞であるからだ。

with 付帯状況は独立分詞構文であり、それ以外の何ものでもないのだ。

35

コンマやコロンの重要性は文法に勝るとも劣らない

句読法までカバーしてやっと一人前

> *"The cellphone is a marvelous invention; it has probably saved thousands of lives," he says.*

英語がそこそこ読めて書ける程度なら、そこそこ文法を知っていればことたりる。英語がある程度読めて書けるぐらいなら、ある程度文法を知っていれば十分である。でも、英語がかなり読めて書けるようになろうと思ったら、文法をかなり知っているだけでは不十分で、パンクチュエーション(句読法)についてもある程度知っていなければならない。

次の２つの文を見てみよう。

(1) Hatakeyama has three guitars which have amazing tone and superb playability.

(2) Hatakeyama has three guitars, which have amazing tone and superb playability.

上の２つの文で違うのは、(1)では関係代名詞 which の前にコンマがないのに対して(2)ではあるというただそれだけである。コンマがない(1)は「ハタケヤマは極上の音色と最高の弾きやすさを備えたギターを３本もっている」という意味であり、コンマのある(2)

は「ハタケヤマはギターを３本もっていて、それらは極上の音色と最高の弾きやすさを備えている」という意味である。つまり、(1)では、ギターが３本以上あることが暗にほのめかされていて、さらに、あまりいい音がしないギターや弾きにくいギターが他にもあることがほのめかされている。一方(2)では、ハタケヤマは３本しかギターをもっていないのが明確になっている。このように、コンマのあるなしで意味がガラッと変わってしまうのだ。コンマを軽く扱うなかれ、である。ちなみに、私は今ギターを17本もっているので、(1)が真で(2)が偽となる。

関係代名詞とコンマの絡んだ文をもう１つ見てみよう。

(3) I like this guitar, which has amazing tone and superb playability.

この文をしいて訳すと「俺はこのギターが好きだ。だって、こいつは極上の音色を奏でてくれるし最高に弾きやすいから」となる。この訳からもわかるように、(3)のコンマは理由の接続詞として働いている。実は、同じようなことが(2)にも見られるのだ。(2)をしいて訳すと「ハタケヤマはギターを３本もっている。そしてそれらは極上の音色と最高の弾きやすさを備えている」となり、コンマが等位接続詞 and の働きをしている。つまり、**コンマは、時と場合により、接続詞としての機能をもちうる**のだ。

コンマのようなパンクチュエーションが接続詞の働きをすることはめずらしくない。次の例を見てみよう。

(4) Though the study wasn't designed as a product review, its results are striking: out of 40 programs, Google's ranked in the top three in every category.
(この米国国立標準技術研究所の研究は、プロダクト・レビューを目的にして行ったものではないが、その結果は目を見張るものであった。40 ある翻訳ソフトのうち、グーグルの翻訳ソフトは、どの部門でもトップ 3 にランクインするほどのものであった。)

これは 2006 年 12 月 11 日号の Newsweek にあった記事(How Google Translates)からの一節であるが、意訳からわかるように、コロンの後ろには its results are striking の具体的な内容が紹介されている。実は、この(4)に代表されるように、**コロンは具体例を導く標識のようなもの**であるのだ。したがって、コロンはしいて訳せば「具体的にいうと」となる。

このことからわかるように、**コンマにせよコロンにせよ、ことばに直してはじめて話の流れが見えてくる**のだ。**パンクチュエーションは単なる記号ではなく、接続詞などのことばに置き換えて解釈する必要がある**のだ。

では、コロンに似たセミコロンについて見てみよう。

(5) "The cellphone is a marvelous invention; it has probably saved thousands of lives," he says.
(彼はいう。「携帯電話はすばらしい発明品だ。実際、携帯電話のおかげで、これまで何千人という人たちの命が救われているだろうし。」)

これは2004年2月号のPopular Scienceにあった記事(Fresh Fears over Cellphones)からの一節であるが、意訳からわかるように、セミコロンは理由や根拠の接続詞として機能している。しいて訳せば「というのも」や「なぜならば」となるが、意訳では文脈に即して「実際」と訳している。このように、セミコロンは理由や根拠の接続詞として機能することがあるのだ。

次の例を見てみよう。

(6) A man is not finished when he's defeated; he's finished when he quits.

(負けたときに終わるのではない。そうではなく、諦めたときに終わるのである。)

これは第32代アメリカ大統領のルーズベルトのことばであるが、意訳からわかるように、セミコロンが逆説の接続詞として機能している。セミコロンを「そうでなく」と訳して、はじめて、セミコロンの前と後の話がつながってくる。セミコロンは論理記号そのものである。

次の例を見てみよう。

(7) The manager has his eyes always on the bottom line; the leader has his eyes on the horizon.

(マネージャーは常に足下を見つめ、その一方、リーダーは水平線に目を向ける。)

これはウォーレン・G・ベニス(シンシナティ大学総長・作家)のことばであるが、セミコロンは対比の接続詞として働いている。だからこそ、意訳では「その一方」としている。**セミコロンがどんな接続詞として機能しているかは文脈から判断するしかない。**

同じく対比的な意味で使われているものとして、次のチャールズ・ミンガス(アメリカのジャズ・ベーシスト)のことばがある。

(8) Making the simple complicated is commonplace; making the complicated simple, awesomely simple, that's creativity.
(単純なことを複雑にするのはよくあること。その一方、複雑なことを単純に、しかもおそろしく単純にすること、これが創造性である。)

同主旨のことばに、次のアインシュタインのことばや、

(9) Everything should be as simple as it can be, but not simpler.
(すべてのものは可能な限りシンプルにすべきだ。でも、シンプルにしすぎてはいけない。)

次のピカソのことばがあるが、

(10) Art is the elimination of the unnecessary.
(芸術とは不要なものを削ぎ落としたものである。)

真打ちはやはりスティーブ・ジョブズの「ミニマリズム」であろう。

(11) The death of Apple founder Steve Jobs brought to light many facets of his life. And one of these is his great belief in minimalism. In fact, it is a philosophy that he has followed when helping develop many of the products Apple released all throughout the decades.
(アップルの創設者であるジョブズの死により、彼の人生のさまざまな面に光が当てられるようになった。その1つがジョブズが信奉していたミニマリズムである。実際、ここ数十年アップルが世に送り出してきた製品の開発の背景にあった哲学、それがこのミニマリズムである。)

これは2011年10月17日付のapplegazetteにあった記事(Steve Jobs and Minimalism)からの一節であるが、ジョブズのミニマリズムとは禅の精神そのものであり、ミニマリズムが形となったもの、それがアップルの製品である。だからこそ、アップルの製品には創造性だけでなく美も見ることができるのだ。

36

何通りにも訳せる「every」文に注意

数量表現が２つ以上ある文

We reckoned we could make it because Paul wasn't quite strong enough, I didn't have enough girl-appeal, George was too quiet, and Ringo was the drummer. But we thought that everyone would be able to dig at least one of us, and that's how it turned out.

ことばは曖昧である。曖昧であるからこそ、聞き手に判断を任せて責任逃れすることができれば、曖昧であるからこそトラブルが生じたりもする。また、「このはしわたるべからず」のようなことば遊びもできたりする。ことばの曖昧さはいろんな意味で私たちの生活を豊かにしてくれている。

さて、そんなことばの曖昧さであるが、数量が絡む表現が１文に２つ現れると、日常生活で触れる曖昧さとはまた一味違った曖昧さを体験できる。たとえば Everybody loves somebody には「誰にも好きな人が１人いる」という意味があれば「誰からも好かれている人が１人いる」の意味にもとれる。これからこの手の文をいくつか見ていこう。

次の文を見てもらいたい。

(1) Everybody Wants Some!!

（みんな何かを手に入れたいのさ！！）

これはヴァン・ヘイレン（アメリカのロックバンド）の曲名である。形としては先ほど見たEverybody loves somebodyと同じである。しかし、このタイトルはEverybody loves somebodyと違って曖昧ではない。「みんなそれぞれ欲しいものがある」という意味のタイトルであり「あるものがあり、それをみんなが欲しがっている」という意味のタイトルではない。もちろん、Everybody loves somebodyと同じで、「あるものがあり、それをみんなが欲しがっている」という意味にもとれるが、ヴァン・ヘイレンはその意味では歌詞を書いていない。

次の諺を見てもらいたい。

(2) A golden key opens every door.

（地獄の沙汰も金次第）

諺の日本語訳はともかく、意味的には「金色のカギ１本でどんなドアだって開けられる」ということだ。個々のドアに対して１本ずつカギがあることを意味していない。カギの数はあくまでも１本である。カギがたくさんある解釈もできるが、それだと諺にならない。

もう１つ諺を見てみよう。

(3) It is good to have a shelter against every storm.

（備えあれば憂いなし）

これは意味的には「個々の嵐に対してそれぞれ避難場所をもっておくことはいいことだ」ということだ。「すべての嵐に対抗できるある1つの避難場所がある」という意味ではない。つまり、(2)の A golden key opens every door とは逆で、ここでは避難所の数は複数あるのだ。避難所の数が1個しかない解釈も可能だが、それだと諺にならない。

では、次の文を見てみよう。

(4) We reckoned we could make it because Paul wasn't quite strong enough, I didn't have enough girl-appeal, George was too quiet, and Ringo was the drummer. But we thought that everyone would be able to dig at least one of us, and that's how it turned out.
(俺たちはうまくいくと思っていた。ポールはあまり強そうに見えないし、俺は女の子ウケするような男じゃない。それにジョージはおとなしすぎるしリンゴはドラマーだ。でも、みんな誰かしら俺たちを好きになってくれると思っていたし、実際そうなった。)

これはジョン・レノンのことばであるが、everyone would be able to dig at least one of us に注目してもらいたい。これは「どの娘も俺たちの誰かしらを好んでくれる」の意味であり、「どの娘も自分たちのうち誰かしら1人を好んでくれる」の意味ではない。そもそもジョンは後者の意味のつもりでいってはいない。実際、ポールを好きな女の子がいれば、ジョージが好きな女の子もいた。そしてリンゴが好きな女の子がいれば、ジョンが好きな女の子もいた。

ジョンの everyone would be able to dig at least one of us の意味について考えたところで、最後に、次の２つの文を見てもらいたい。

(5) Every boy in this class kissed at least one girl.
(6) At least one girl was kissed by every boy in this class.

(5)は、(4)のジョンのことばと同様に、「クラスの男の子がみんな、とにかく誰でもいいから、少なくとも１人の女の子にキスをした」という意味である。(6)は(5)の受動文であるが、これは「ある１人の女の子がいて、その子がクラスの男の子みんなからキスされた」という意味である。つまり、(5)と(6)は意味が違うのだ。このことからもわかるように、**能動文と受動文は常に書き換えができるわけではない**のだ。それはそうと、(5)にあるようなクラスは男子にとって最高であろう。Every boy in this class kissed at least one boy のクラスは最悪であるが。

37

成功した暁に謝辞のスピーチで使いたい表現

「あなたの協力がなければ、この成功はなかった」

I'm 100% sure that if it hadn't been for Mrs. Hill in fourth grade and a few others, I would have ended up in jail.

動物にもゲンゴがあるといわれたりする。ただ、動物のゲンゴと人間の言語には大きな違いがある。動物のゲンゴは「今」と「ここ」のことにしか使えないが、人間の言語は「今」と「ここ」を超越して過去や未来のことについて語ることができるようになっている。だからこそ人間は、「あの時○○だったら」と過去を悔やんだり、「もし○○なら」と未来のことについて語ることができる。人間のみが仮定の話をすることができるのである。

次の有名なことばを見てみよう。

(1) If Cleopatra's nose had been shorter, the whole face of the earth would have changed.
(もしクレオパトラの鼻が低かったら、世界(歴史)は変わっていたであろう。)

これはいわずとしれたパスカルの名言である。さて、高校に入ると仮定法を勉強するが、その時、**現在の仮定について書くときは仮定法過去を使い、過去の仮定について書く時は仮定法過去完了を使う**と学ぶ。(1)では、If 節が「had ＋過去分詞」といったように過去完了の形になっている。だからこそ、パスカルの名言は過去の仮定の話であることがわかる。このことからわかるように、「仮定法過去完了」といった名称は、単に動詞の形を指していっているだけで、その仮定がいつ行われたのかはいっさいいっていない。つまり、「仮定法過去完了」といっても、それは動詞の形のことをいっているだけで、仮定法過去完了の本質である「過去についての仮定」については何も語られていないのだ。同じことが現在の過去の話である仮定法過去にもいえる（「仮定法過去」という用語の中に「現在」ということばがないことに注意)。文法用語に惑わされ、形から意味を間違って推測してしまわないようにしよう。

ちなみに、「歴史に if はない」という E・H・カーの名言があるが、これは、「こうだったらよかったのに」という、未練がましく過去を振り返るのを戒めたものである。そして、歴史に if を持ち込んで過去をグチグチいう人たちのことを「might-have-been school(こうだったらよかったのに派、未練学派)」とよんだりする。もうおわかりのように、この might-have-been の部分が、まさに仮定法過去完了の主節の動詞句に相当するのである(ちなみに、(1)のパスカルの名言では would have changed となっている)。

たしかに「歴史に if はない」し、歴史に if をもち込んだところで実りある話ができるわけでもない。過ぎたことはもうどうすることもできないからだ。私たちが「どうすることもでき」るのは未来だけである。そういった意味では、「私たちの未来には if がある」ともいえる。さらにいうと、「歴史に if はない」が「サイエンスには if がある」といえる。サイエンスというのは if を使って仮説を立て、そしてその仮説を検証することであるからだ。

高校の英語の授業で、次のような仮定法過去の表現を学んだことがあるかと思う。

(2) If it were not for your help, I should fail.
(君のサポートがなければ私は間違いなく失敗する。)

この文を過去に関する仮定の話にすると次のようになる。

(3) If it had not been for your help, I should have failed.
(君のサポートがなかったら私は間違いなく失敗していた。)

(3)の仮定法過去完了の文が理解できたところで、次の文を見てみよう。

(4) I'm 100% sure that if it hadn't been for Mrs. Hill in fourth grade and a few others, I would have ended up in jail.

これは1995年に、スティーブ・ジョブズがインタビューで教育に関して応えたものだが、文の形としては(3)とまったく同じである。だからこそ、(4)は次のように訳すことができるのだ。

(5) 4年生の時にヒル先生や他の先生に会わなかったら、私は100% 留置所送りになっていたことでしょう。

つまり、過去に関する仮定の話として訳すことができるのだ。受験英語でやった仮定法のつくり方や解釈の仕方をちゃんと理解していないと、ジョブズのいわんとしていることを完璧に理解することはできないのだ。たかが受験英語、されど受験英語。たかが仮定法、されど仮定法である。なお、仮定法過去と仮定法過去完了がいっしょになったハイブリッド型の仮定法が、生の英語ではよく見られる。これについては22節を参照されたい。

38

ハイフンをバカにする者はハイフンに泣く

ハイフンから読み解く文法関係

> *An Egyptian court ordered a one-month ban on YouTube on Saturday, after it said the video-sharing Web site had failed to remove an American-made anti-Islam video.*

コンマやコロン、そしてセミコロンやダッシュといったものについていろいろ知っていないと、英語を正しく読んだり書いたりすることができない(35節を参照)。同じように、ハイフンについてもある程度知っておかないと、英語を正確かつ精確に読んだり書いたりすることはできない。とくに、複合語をしっかり理解しようと思ったら、ハイフンに関する知識は必須である。

次の文を見てみよう。

(1) When Apple introduced the iPhone in 2007, it offered a software-driven product in a market that was, until then, primarily hardware driven.
(2007年にアップルがiPhoneを発売してから、市場はソフトウェアが主導するようになった。それまでは主にハードウェアが主導してきたが。)

これは2013年3月18日付のWiredにあった記事(3 Things Samsung

Needs to Overtake Apple）からの一節であるが、software-driven に注目してもらいたい。これは、意訳の「ソフトウェアが主導する」からわかるように、software が drive の主語として機能している。過去分詞 driven の形を活かして訳せば「ソフトウェアによって主導された」となるが、結局 software と drive の間に主語と動詞の関係を見てとることができる。このことからわかるように、**α - βでβが過去分詞のときは、原則、αはβの主語として解釈する**とよい。ちなみに、(1) の文末に that was, until then, primarily hardware driven という文（というか関係節）があるが、hardware と driven の間にハイフンがない。記者がハイフンを付け忘れたのでなければ、ここは、hardware を副詞的に解釈し、さらに driven を動詞として解釈してやればよい。

では、次の例を見てみよう。

(2) An Egyptian court ordered a one-month ban on YouTube on Saturday, after it said the video-sharing Web site had failed to remove an American-made anti-Islam video.
（エジプトの法廷は、土曜日、1ヶ月間 YouTube を禁止することを命じた。なぜならば、YouTube はアメリカ製の反イスラム動画を削除することを怠ったからだ。）

これは 2013 年 2 月 10 日付の The Washington Post にあった記事（Egyptian court bans YouTube for a month）からの一節であるが、ここにはハイフンが使われた表現が 4 つある。one-month と video-sharing、それに American-made と anti-Islam である。American-made についてはもうおわかりであろう。α - β の形になっていて、β が過去分詞であるので、American を主語に、そして made を動詞として解釈してやればよい。つまり「アメリカがつくった」と解釈してやればよい。

video-sharing は α - β の形で β が現在分詞の場合であるが、これは「動画を共有する」と解釈してやるとよい。このように、**α - β で β が現在分詞のときは、α は β の目的語として解釈する**といい。

次に anti-Islam について見てみよう。anti- は接頭辞で否定の意味をもつ。ちなみに「アンチ巨人」や「アンチ畠山」の「アンチ」はこの anti- のことである。さて、接頭辞であるが、Islam(イスラム)などの固有名詞につくときは原則ハイフンを使う。また、pre-1966(1966 年以前)のように年代につくときもハイフンを使う。一方、普通名詞につくときは、antisocial や nonviolent からわかるように、ハイフンは使わない。**接頭辞が普通名詞につくときはハイフンを使わないが、固有名詞や年代につくときは、原則、ハイフンを使う**のである。

最後、one-month について見てみよう。one-month で「1 ヶ月」の意味である。だから a one-month ban で「1 ヶ月の禁止」となる。では「2 ヶ月の禁止」はどうなるであろうか。a two-months ban とはならない。a two-month ban となる(ちなみに「2 ヶ月の 2 度の禁止」だと two two-month bans となる)。**α - β で α が複数の概念のものであっても β は複数形にしない**のだ。よって、私がトイレで撮影した次の注意書きは間違っている。

昨今、英語ではハイフンを使った複合語が量産されている。これは次の例からもわかるであろう。

(3) Wladimir Balentien, the ex-MLB player turned Japanese home-run king, was in jail Monday after being arrested on domestic violence charges at his soon-to-be-ex-wife's home near Miami.
(元 MLB の選手で日本のホームラン王となったウラディミール・バレンティンであるが、月曜日、マイアミ近くの離婚協議中の妻の家で家庭内暴力をふるった容疑で逮捕され留置所に送られた。)

これは 2014 年 1 月 13 日付の YAHOO! SPORTS にあった記事 (Wladimir Balentien, new Japanese home-run king, arrested for domestic violence in Miami) からの一節であるが、soon-to-be-ex-wife に注目してもらいたい。これは「もうすぐ離婚する妻」と逐語訳できるが、ようするに「離婚協議中の妻」ということである。似たような表現に soon-to-be-husband (婚約者：もうすぐ夫になる人) や soon-to-be-mother (妊婦：もうすぐお母さんになる人) があるが、ハイフンを使えば関係節を使ってダラダラ書くところをスパッと書き表すことができる。だからこそ、ハイフンを多用した複合語が好まれ、そしてよく使われるのである。

次の例を見てみよう。

(4) Following the unveiling of Xbox One at Microsoft's base in Redmond earlier today, I sat down with Microsoft's corporate-vice-president-of-something-to-do-with-games Phil Harrison to talk Xbox One.
(今朝早くマイクロソフトの本拠地レドモンドでXbox Oneの発表があったことを受け、私はXbox Oneについて話を伺おうと、マイクロソフトゲーム部門の副社長フィル・ハリソンにインタビューする運びとなった。)

これは2013年5月22日付のEuroGamer.netにあった記事(The big interview: Phil Harrison on Xbox One, Kinect, indie games and red rings)からの一節であるが、corporate-vice-president-of-something-to-do-with-gamesに注目してもらいたい。9語からなる長い複合語であるが、ようするに「ゲーム部門の副社長」という意味である。father-in-law(義父)やright-of-center(政治的に右寄りの)、それにup-to-date(最新の)からわかるように、**前置詞をともなう複合語はハイフンを使って表される**。だからこそ、ofとwithが使われているcorporate-vice-president-of-something-to-do-with-gamesでもハイフンを使って9つの語が結びつけられているのだ。

本節の最初の方で、software-drivenの例をもとに、「**α - βでβ**

が過去分詞のときは、原則、αはβの主語として解釈する」と書いた。でも、このやり方だと次の例にある face-mounted computer の意味をうまくとることができない。

(5) We've long known that Google wanted to make Glass fashionable, and now it's teamed up with Diane Von Furstenberg to create a series of alternative frames for its face-mounted computer.
(グーグル・グラスがもっとファッショナブルだったらとずっと思っていたのだが、グーグルが DVF(Diane Von Furstenberg)とタイアップしておしゃれなフレームのグーグル・グラスができあがった。)

これは2014年6月3日付のGizmodo.comにあった記事(Google's First Fashionable Glass Frames: Perhaps Not That Fashionable?)からの一節であるが、face-mounted computer を逐語訳すると「顔に載せたコンピュータ」となる。a computer which is mounted on face をハイフンを使って表したもの、それが face-mounted computer であるが、これからわかるように、face-mounted では前置詞 on を face の前に補って解釈してやるといい。同じことが software-driven にもいえ、これも software の前に by を補って解釈してやるといい。ようするに、**α - βでβが過去分詞のときは、αの前に適切な前置詞を補って解釈してやればいい**のだ。

たかが棒線、もとい、たかがハイフンではあるが，ハイフンを甘く見ているとまず英語は読めない。ハイフンをバカにする人はいつかハイフンに泣かされるハメになるだろう。

39

たかが代名詞、されど代名詞

selfの有無で、指せるものが大きく変わる

> *After a little bit of tinkering, I've come up with a hack that forces me to step away from my computer for a predetermined amount of time.*

英語の代名詞には２種類ある。selfがついているものとついていないものだ。selfがついているかいないかで、代名詞の指すものが変わってくる。次の２つの文を見てみよう。

(1) Taro knows that Kenji hates him.
(2) Taro knows that Kenji hates himself.

まず(1)の意味について考えてみたい。つまりhimの指せる人について考えてみたい。himは男性代名詞である。よって、himは、論理的に考えたら、(1)に現れている２人の男性を指せるはずだ。でも実際は、Taroは指せるがKenjiは指せない。つまり、ケンジはタロウを嫌っているのだ。このことからわかるように、**selfのついていない代名詞は同じ節の中にある名詞を指すことができない**のだ。

では、次に(2)の意味について考えてみよう。つまり、himselfの指せる人について考えてみよう。himselfはhim同様、男性代名詞である。よってhimselfは、(1)のhimと同じように、(2)に現れて

いる２人の男性を指せるはずだ。でも実際はKenjiしか指せない。つまり、ケンジは自分のことが嫌いなのだ。このことからわかるように、**selfのついた代名詞は同じ節にある名詞しか指せない**のだ。

次の文を見てみよう。

(3) Chrissy Teigen: 'I never Google myself'
(クリッシー・テイゲン曰く「私は自分のことをウェブで検索しないわ」)

これは2013年7月30日付のDigital Spyにあった記事のタイトルであるが、動詞Googleの目的語としてmyselfが使われていることに注意されたい(ここではGoogleが動詞として使われているが、これについては4節を参照)。なぜmeではなくmyselfが使われているのだろうか。**selfのついていない代名詞は同じ節の中にある名詞を指すことができない一方で、selfのついた代名詞は同じ節にある名詞しか指せない**からだ。

同じことが次の文にもいえる。

(4) "Siri, I Want To Kill Myself" Is Apple's New Update Enough?
(「シリ、ぼく自殺したいんだ」アップルの最新のアップデートで十分だろうか。)

これは2013年6月20日付のPsychCentralにあった記事のタイトルであるが、ここでMeではなくMyselfが使われている理由ももうおわかりであろう。ちなみに、ちょっと前までシリに自殺をほのめかす質問をするとシリは真面目に答えてしまっていた。しかし今では、シリのアップデートにともない、自殺をほのめかす質問をすると、全米自殺予防ライフライン(National Suicide Prevention Lifeline)に電話をするようシリが促してくるようだ。

では、次の例を見てみよう。

(5) Joe Walsh Says Duane Allman Taught Him Slide Guitar

これは2012年6月8日付のギブソン(アメリカのギターメーカー)のウェブサイトにあった記事のタイトルである。Himが誰を指しているかはもうおわかりであろう。形としては(1)と同じであるから、Himはデュアン・オールマンではなくジョー・ウォルシュを指すことになる。

つまり、ジョー・ウォルシュはデュアン・オールマンからスライドギター(ボトルネックを使ったギターの奏法)を教えてもらったのだ。もしHimでなくHimselfが使われていたらどういう意味になるかはもうおわかりであろう。「デュアン・オールマンはスライド・ギターを独学でマスターしたとジョー・ウォルシュがいった」という意味になる。selfがつくかつかないかで誰が誰に教えたのかまったく変わってしまうのだ。

代名詞の解釈についてわかったところで次の文を見てみよう。

(6) After a little bit of tinkering, I've come up with a hack that forces me to step away from my computer for a predetermined amount of time.

（あらかじめ決められた時間、コンピュータから離れざるをえないよう、コンピュータをちょっといじくってみた。）

これは2013年1月2日付のminiArrayにあった記事の一文であるが、この文について考える前に、まず、この記事のタイトルである(7)について考えてみよう。

(7) How I Force Myself to Take Breaks
（強制的に休みをとる方法）

ここではMyselfが使われている。(7)は形としては(3)-(4)と同じである。(3)-(4)でmyselfがIを指せるのと同じ理由で(7)でもMyselfはIを指せる。なぜMyselfがIを指せるかというと、もうおわかりのように、MyselfとIが同じ節の中にあるからだ。

では、このことを踏まえた上で、あらためて(6)を見てもらいたい。とくにI've come up with a hack that forces me to step awayのところを見てもらいたい。ここではmyselfではなくmeが使われている。meはthat forces me to step awayという関係節の中にある。さらに、この関係節を含む文の主語がIである。形としては(1)のTaro knows that Kenji hates himと同じである。よって、(1)でhimがTaroを指せるように、I've come up with a hack that forces me to step awayでもmeはIを指せるのだ。

たかが代名詞、されど代名詞。たかがselfされどselfである。代名詞が何を指すのかについては、42節で詳しく見る。

40

同じ副詞でも置く場所によって意味が違う

2つの副詞「文副詞」と「述部副詞」を見分ける

As a precaution, we stopped pushing 2823324 as an update when we began investigating the error reports, and have since removed it from the download center.

英語には5文型というものがある。SVとかSVOとかSVOOとかのアレである。この5文型には文を構成する必須要素しか含まれていない。あってもなくてもいいおまけ的なものは含まれていない。そのようなこともあり、5文型には副詞は入っていない。副詞は文を構成する必須要素ではないからだ。では、副詞は文のどこに現れることができるのだろうか。

次の2つの文を見てみよう。

(1) Rudely, Hatakeyama left the meeting.

(2) Hatakeyama left the meeting rudely.

(1)ではrudelyが文頭に、(2)では文末に現れている。これだけを見ると、副詞は文のどこにでも現れることができそうだ。たしかに、rudelyは文頭と文末の2ケ所に現れることができる。しかし、文頭に現れたときと文末に現れたときでは意味が違うのだ。(1)は「失礼にも、ハタケヤマは会議を中座した」という意味であり、(2)

は「ハタケヤマはマナーに欠けたやり方で会議を中座した」という意味だ。この意味の違いからわかるように、(1)の rudely は文全体を修飾している文副詞であるのに対して、(2)の rudely は述部を修飾している述部副詞であるのだ。すなわち、**文頭は文副詞の定位置で、文末は述部副詞の定位置である**のだ。ちなみに、(1)と(2)をドッキングした(3)であるが、

(3) **Rudely, Hatakeyama left the meeting rudely.**

これは、もうおわかりかと思うが、「失礼にも、ハタケヤマはマナーに欠けたやり方で会議を中座した」という意味になる。

似たような例をもう１つ紹介しよう。次の２つの文を見てもらいたい。

(4) **Strangely, he was smiling.**
(5) **He was smiling strangely.**

文頭は文副詞の定位置で文末は述部副詞の定位置である。よって、(4)は「奇妙なことに、彼は笑っていた」という意味になり、(5)は「彼は変な笑い方をしていた」という意味になる。そして次の文は、

(6) **Strangely, he was smiling strangely.**

もうおわかりのように、「奇妙なことに、彼は変な笑い方をしていた」という意味になる。(6)の he は竹中直人のような人をイメージし

てもらえばいいかと思う（竹中直人といえば「怒りながら笑うサラリーマン」の芸で有名である）。

さて、副詞には文副詞と述部副詞の２種類があり、それぞれ定位置があることがわかった。ただ、述部副詞に関していうと、もう１つ定位置とよべるところがある。それが、完了形の「have ＋ α ＋過去分詞」の α の位置である。逆にいうと、**「have ＋ α ＋過去分詞」のαにきたものは、見た目がどんなものであれ、述部副詞と解釈して問題ない**のだ。

では、まず、「have ＋ α ＋過去分詞」の α が述部副詞の定位置であることを確認しよう。次の文を見てもらいたい。

(7) So far, Apple has not opened any of its iconic company-owned stores in India.
（アップルはこれまで直営店のアップルストアをインドで展開してこなかった。）

これは2013年3月26日付のThe Economic Timesにあった記事（Apple plans to scale up presence in India, to triple exclusive stores to 200 by 2015）からの一節であるが、not が has と過去分詞 opened の間にある。上で述べたように、「have ＋ α ＋過去分詞」の α にくるものは述部副詞である。よって、not は述部副詞と予測されるが、実際 not は述部を否定している副詞である。すなわち述部副詞である。このことからも、「have ＋ α ＋過去分詞」の α の位置にきたものは述部副詞だとわかる。

似たような例をもう１つ紹介しよう。

(8) "After the success of iPhone, Apple has finally realised that India is a big market and needs separate focus," said a Mumbai-based Apple franchisee, on condition of anonymity.
(「iPhoneの売上が好調なことから、アップルはようやく、インドは大きな市場でありインドに注目すべきだと認識しはじめた」と匿名の条件のもと、ムンバイに本店をもつアップルのフランチャイズがいった。)

この文も(7)の文があった記事からのものであるが、ここでは finally が has と過去分詞 realised の間にある。「have ＋ α ＋ 過去分詞」の α にくるものは述部副詞である。よって、finally は述部副詞と予測されるが、実際 finally は述部を修飾している副詞である。すなわち述部副詞である。このことからも、「have ＋ α ＋ 過去分詞」の α にくるものは述部副詞であることがわかるかと思う。
では、次の文を見てみよう。

(9) As a precaution, we stopped pushing 2823324 as an update when we began investigating the error reports, and have since removed it from the download center.
(予防措置としてエラー報告書を作成するとともに、2823324をアップデートとしてリリースするのをやめ、その後2823324をダウンロードセンターから削除した。)

これは2013年4月12日付のCNETにあった記事(Microsoft pulls security update over software conflicts)からの一節であるが、have

と過去分詞 removed の間に since がある。「have ＋ α ＋過去分詞」のαにくるものは述部副詞であるので、この since は述部副詞だと考えられる。実際 since には「その後」という意味の述部副詞の用法がある。このように、「have ＋ α ＋過去分詞」のαにくるものは述部副詞であるということを覚えておけば、(9)のような文にも怖気づくことなく冷静に対処できる。

次の文を見てみよう。

(10) India had for a long time been a low-priority market for the company founded by Steve Jobs.
(インドはこれまで長いことスティーブ・ジョブズが設立した会社にとって優先順位で下の方にあった。)

この文も先ほどの(7)と(8)にあった記事からのものであるが、ここでは for a long time というフレーズが had と過去分詞 been の間に現れている。「have ＋ α ＋過去分詞」のαにくるものは述部副詞であるので、この前置詞句 for a long time は述部副詞だと考えられる。実際、この前置詞句は述部副詞で述部を修飾している。このように、「have ＋ α ＋過去分詞」のαにくるものは述部副詞であるということを知っているだけで、(10)のような風変わりなものを見てもまごつくこともない。

最後に、次の文を見てみよう。

(11) The settlement has not yet been approved, though — it's set to be filed with the San Francisco federal court "in the

coming weeks.”

(和解案はまだ承認されていない。でも、「向こう数週間後には」サンフランシスコの連邦裁判所に書類が提出される運びである。)

これは2013年4月13日付のArs Technicaにあった記事(Apple poised to pay $53 million over “water” damaged iPhone warranties)からの一節であるが、hasと過去分詞approvedの間にnotとyetが現れている。「have + α + 過去分詞」のαにくるものは述部副詞であるので、notもyetも述部副詞だと考えられる。notは(7)で見たように述部副詞である。また、yetも述部副詞である。述部を修飾しているからだ。このように、**haveと過去分詞の間に現れるものは、どんなものであれ、そして数がいくつであれ、原則、どれも述部副詞とみなしていい**のだ。

副詞には文副詞と述部副詞の2種類あり、それぞれ定位置がある。定位置を知るだけで、英語を正しく、しかもスラスラと読むことができるようになる。

41

ちょっと変わった関係副詞 How を攻略する way（方法）

先行詞 the way と関係副詞 how、どちらかで OK

The Great Recession changed the way many people live — and its repercussions appear to be altering how some people choose to die.

高校の英語の授業で関係詞というものを学ぶ。関係詞には関係代名詞と関係副詞の 2 種類がある。関係代名詞は先行詞と普通にペアで使われる。一方、関係副詞は、基本的に先行詞とペアで使うことができるのだが、ある関係副詞だけは先行詞とペアで使うことができない。それが how だ。関係副詞の how は先行詞の the way といっしょに使えない。どちらか一方しか使えない。

次の文を見てみよう。

(1) Do you approve of the way your CEO is leading the company?
（自分の会社の CEO がやる会社の経営にあなたは満足していますか。）

これは Glassdoor にあった記事（Glassdoor's Highest Rated CEOs 2014）からの一節であるが、how ではなく the way が使われている。前置詞 of は必ず目的語をとらないといけない（1 節を参照）。目的語になれるのは名詞相当の語句だけだ。the way は名詞だ。一方、how は副詞である。そこで、名詞の the way が of の目的語として使われている。とはいうものの、(1) は Do you approve of how your CEO is leading the company? のように書くこともできる。この時は how your CEO is leading the company 全体が前置詞 of の目的語として機能している。

次の例を見てみよう。

(2) How I Force Myself to Take Breaks
(強制的に休みをとる方法)

これは 2013 年 1 月 2 日付の miniArray にあった記事のタイトルであるが、ここでは the way ではなく関係副詞の how が使われている。文頭は、他動詞や前置詞の後ろのように必ず名詞がこないといけない場所ではない。そこで、the way を使う必然性もないのでここでは関係副詞の how が使われている。

では、次の文を見てみよう。

(3) Eye tracking is one of the most fascinating technologies and will change the way we work with our computers in the future.
(視線を使った PC の操作、これはテクノロジーの魅力的な分野の 1 つであるが、この視線を使った PC 操作により、近い将来、私たちのコンピューター・ライフは変わることになるであろう。)

これは2013年4月7日付のKickStarterにあった記事(The Magic of Controlling a Computer with your Eyes)からの一節であるが、ここでは関係副詞のhowでなくthe wayが使われている。他動詞changeは目的語をとる。目的語になれるのは名詞相当の語句である。the wayは名詞だが関係副詞のhowは副詞である。そこで、the wayが他動詞changeの目的語として使われている。とはいうものの、(3)はEye tracking is one of the most fascinating technologies and will change how we work with our computers in the futureのように書くこともできる。この時はhow we work with our computers in the future全体が、動詞changeの目的語として機能している。

最後に、次の文を見てみよう。

(4) The Great Recession changed the way many people live — and its repercussions appear to be altering how some people choose to die.
(大恐慌によって多くの人が生き方を変えた。そして、その影響のためか、どうも人によっては死に方まで変えつつあるようだ。)

これは2011年1月号のScientific Americanにあった記事(Donate Your Brain, Save a Buck)からの一節であるが、まずthe wayが使われ、次に関係副詞のhowが使われている。他動詞changeはその目的語として名詞相当の語句をとる。そこで、名詞のthe wayがchangeの目的語として使われている。とはいうものの、The Great Recession changed the way many people liveはThe Great

Recession changed how many people live のように書くこともできる。この時は how many people live 全体が動詞 changed の目的語として機能している。alter も change と同じように名詞相当の語句を目的語としてとる。したがって、理屈でいえば名詞の the way が alter の目的語として使われるべきである。が、すでに the way を使ってしまっていることもありあえて how を使っている。とはいえ、how some people choose to die 全体が動詞 alter の目的語として機能していることもあり how がきても何も問題ない。

関係副詞の how はその先行詞 the way といっしょに使われることはない。文中でどちらを使ったらいいか迷っても何も心配いらない。どちらを使っても構わないからだ。文法を駆使すれば理屈でどちらも許してしまえるのだ。

42

代名詞の指す内容の把握が文章全体の理解に不可欠

代名詞はある名詞の代わりになっている

When Apple released the iPhone in 2007, they released iPhone OS (later known as iOS) with it. The device and the operating system necessitated each other. The two were birthed into the world together on the same stage.

代名詞が出てきたら、それを「彼」や「彼女」、それに「あれ」や「それら」と訳して安心していてはいけない。代名詞が出てきたら、それを訳すのではなく、それをどう解釈したらいいのかを考えないといけない。つまり、**代名詞を見かけたら、それが何を指しているのか、すなわち、代名詞の中身を特定しなければいけない。**

39節で見たように、たとえば、(1)のhimと(2)のhimselfはそれぞれ指せるものが違う。

(1) Taro knows that Kenji hates him.

(2) Taro knows that Kenji hates himself.

(1)ではhimはTaroしか指せないのに対して、(2)では、himselfはKenjiしか指せない。(1)のhimが指せるものを(2)のhimselfは指せず、(2)のhimselfが指せるものを(1)のhimは指せない。

代名詞が指せるものを間違えると誤読なり誤訳をしてしまうこと

になる。**代名詞や the ＋名詞の表現が出てきたら、それが何を指しているのかいちいち確認しないといけない。**これをやらないと正確かつ精確な読みはできない。

次の文を見てみよう。

(3) When Apple released the iPhone in 2007, they released iPhone OS (later known as iOS) with it. The device and the operating system necessitated each other. The two were birthed into the world together on the same stage.

(アップルが 2007 年に iPhone をリリースしたが、その時アップルは iPhone といっしょに(後に iOS として知られる) iPhone OS もリリースした。iPhone と iOS は共存関係にあり、この 2 つはいっしょにこの世に生まれ、そしてともに同じステージに立っているのだ。)

これは 2013 年 2 月 15 日付の Gizmodo にあった記事(The Burden of Apple iOS)からの一節であるが、ここには they や it の代名詞をはじめ、the device や the operating system といった「the ＋名詞」の表現も見られる。これらが何を指しているかおわかりだろうか。they は Apple を、it は iPhone を、the device は iPhone を、the operating system は iOS を、each other は the device と the operating system を指している。また The two も the device と the operating system を指している。これらの情報を(3)に組み込むと次のようになる。

(3') When Apple released the iPhone in 2007, they (=Apple) released iPhone OS (later known as iOS) with it (=iPhone).

The device (=iPhone) and the operating system (=iOS) necessitated each other (=the device と the operating system). The two (=the device と the operating system) were birthed into the world together on the same stage.

(3)を(3')のように読み換えて、はじめて(3)を理解できたといえるのだ。

次の文はスティーブ・ジョブズのことばであるが、代名詞が何を指しているか確認しながら読んでみよう。

(4) A lot of times, people don't know what they want until you show it to them.
(ほとんどの場合において、人というのは、目の前に商品を出されて、それではじめて「ああ、自分はこれが欲しかったんだ」とわかるものである。)

they は people を、you は一般の人(かアップル)を、it は what they want を、them は they(すなわち people)を指している。これらの情報を(4)に組み込むと次のようになる。(not ○○ until △△については23節を参照。)

(4') A lot of times, people don't know what they (=people) want until you (= 一般の人かアップル) show it (=what they want) to them (=they すなわち people).

たかが you や they、そして it であるが、それが何を指しているかは、話の流れがちゃんとわかっていないと、なかなかわからないものだ。

ジョブズの(4)のことばと主旨が似ているものに次の(5)がある。

(5) Democracy is the highest form of political government, but on the cultural side it is exposed to grave weaknesses. Call the masses into power, and automatically you will find the national culture molded by their interests and tastes. They will expect, and plenty of people will be ready to supply, the kind of music and art and radio and films and reading which is to their taste, and there is at least a risk that standards will quickly decline to the second- and third-rate.

(民主主義というのは、政治形態としては最高のものではあるが、文化という面からすると、最大の弱点を孕《はら》んでいる。大衆に権力を与えてみればわかるように、すぐに文化は大衆の関心ならびに好みに合うようにつくり替えられてしまう。大衆というのは、音楽にせよ芸術にせよ、ラジオにせよ映画にせよ、さらに読むものにせよ、自分たちの好みに合うものを求めるようになり、そしてそういったものを提供するようになる。文化のレベルは、そうやって、二流や三流へと簡単に堕ちていくのである。)

これはイギリスの教育者リチャード・リヴィングストン卿のことばであるが、They will expect, and plenty of people will be ready to supply, the kind of music and art and radio and films and reading which is to their tasteに注目してもらいたい。意訳からわかるように、the kind of music and art and radio and films and reading which is to their taste は、They will expect の expect と plenty of people will be ready to supply の supply の両方の目的語として働いている。ようするに、2つの節に共通するものがくくり出されている格好になっている。共通したものを抽出し、そしてそれを文末に移動させてやる文法規則があるのだ。どうも、言語にも 3 × 2 + 4 × 2=(3 + 4) × 2のような数学チックな文法操作があるようだ。

せっかくなので、くくり出しが起きている例をもう1つ紹介しよう。

(6) So I want everyone to know, and I want everybody in America to know, that we have a stake in the future of this region, because what happens here has a direct effect on our lives at home.
(だからこそ、すべての人に、そしてアメリカにいるすべての人に、私たちはこの地域の将来と利害関係があることを知ってほしいのです。というのも、ここで起きることはアメリカ本土に直接関係してくるからです。)

これは2009年11月14日にサントリーホールで行われたオバマ大統領の講演の一節であるが、that we have a stake in the future of this regionが2つのknowの後ろからくくり出されている。つまり、that we have a stake in the future of this region は2つの know の共通の目的語であるのだ。

目的語のくくり出しを見破るのはなかなか難しい。でも、代名詞が何を指しているかを見破るのはそれ以上に難しい。なぜならば、話の全体像がある程度わかっていないと代名詞の指しているものはなかなかわからないからだ。

43

論理的必然性を表す「つなぎ語」を見落とすな！

1つ加えるだけで意味が大きく変わるつなぎ語「then」

If you believe that new plants and factories can dot our landscape; that new energy can power our future; that new schools can provide ladders of opportunity to this nation of dreamers; if you believe in a country where everyone gets a fair shot, and everyone does their fair share, and everyone plays by the same rules, then I need you to vote this November.

形が違えば意味が違う。構文が違えばニュアンスが違う。飾りのようにしか見えない単語であっても、あるのとないのとでは意味が違う。if …, then ～という表現があればif …, ～という表現もある。はたして、この2つの表現にはどんな違いがあるのだろうか。

次の文を見てみよう。

(1) If debugging is the process of removing bugs, then programming must be the process of putting them in.
(デバッグがバグを取り除く作業であるのなら、プログラミングは必然的にバグを組み込む作業になる。)

この文はエドガー・ダイクストラ(オランダの計算機科学者)のこと

ばであるが、if …, then ～の形になっている。(1)から then をとったのが次の文であるが、

(2) If debugging is the process of removing bugs, programming must be the process of putting them in.
(デバッグがバグを取り除く作業であるのなら、プログラミングはバグを組み込む作業になる。)

(1)の意訳と(2)の意訳を見比べてもらいたい。(1)の意訳と(2)の意訳の違いはただ1つ、「必然的に」があるかないかだ。(1)と(2)の違いは then の有無であるから、(1)の意訳と(2)の意訳の違いは then の有無によることになる。このことからわかるように、**if …, then ～と if …, ～の違い、それは、前者には論理的必然性が含意されるが後者には含意されない**ということだ。だからこそ、論理がすべてである論理学や数学の分野では原則 if …, then ～の形しか使わない。

ダイクストラは、あえて(2)ではなく(1)の文を使って、プログラムを組めば必然的にバグが入ってしまうことを伝えている。つまり、バグを入れることなしにプログラムを組むことはできないといっている。(1)では原因(プログラミング)と結果(デバッグ)の順番を逆にして書かれているが、ここが(1)の面白いところでありロジックの面白いところでもある。

では、次の文を見てみよう。

(3) If you believe that new plants and factories can dot our

landscape; that new energy can power our future; that new schools can provide ladders of opportunity to this nation of dreamers; if you believe in a country where everyone gets a fair shot, and everyone does their fair share, and everyone plays by the same rules, then I need you to vote this November.

（もしあなたが、このアメリカに新しい工場が点在し、新エネルギーが私たちの未来を推進し、さらに新たに学校ができ、夢の国アメリカにチャンスのはしごがかけられることを期待するのであれば、そしてもしあなたが、仕事をしただけ報酬がもらえ、皆が平等に扱われ、さらに皆が同じルールのもとで活躍できるそんな国を望んでいるのであれば、今年の 11 月、あなた方に投票していただきたいのです。）

これはオバマ大統領が民主党大統領候補指名を受諾したときの演説の一節であるが、この文も if …, then ～で書かれている。よって、このオバマ大統領の演説からも論理的必然性を読みとることができる。つまり、「将来性のある明るいアメリカを希望するそこのあなた！　論理的に考えたら私に投票しないといけないことぐらいわかるでしょ！」といったロジックを読みとることができる。

もう１つオバマ大統領の講演演説の原稿を見てみよう。

(4) And if we do — if we come together and lift this nation from the depths of this crisis; if we put our people back to work and restart the engine of our prosperity; if we confront

without fear the challenges of our time and summon that enduring spirit of an America that does not quit, then someday years from now our children can tell their children that this was the time when we performed, in the words that are carved into this very chamber, "something worthy to be remembered."

(そして、私たちがするのであれば、つまり、一致団結してこの国を危機の淵から救いだすのであれば、そして人々を職場に復帰させ、アメリカの繁栄を再起動させるのであれば、さらに、果敢に今日ある問題に立ち向かい、朽ちることのないアメリカの永遠なる精神を呼び戻すのであれば、必ずや、何年かしていつの日にか、私たちの子どもたちがその子どもたちに、私たちは今まさに行動に移したのだと伝えることができるでしょう。ちょうど、まさにこの議場に「記憶されるべき価値あること」と刻印されているように。)

これは2009年2月24日に行われた施政方針演説からの一節であるが、ここにも if …, then ～が見られる。「子どもたちに誇れる大人になるためにも、今立ち上がって行動に移さないといけないことぐらいわかるでしょ！」というロジックを読みとってもらいたいところだ。

次のスティーブ・ジョブズのことばを見てみよう。

(5) If you look backward in this business, you'll be crushed. You have to look forward.

(この世界では後ろを振り向いたら必ずや打ちのめされてしまう。

とにかく前を向いていないといけない。）

意訳の「必ずや」からわかるように、私はあえてIf you look backward in this business, you'll be crushedをif …, then ～文として訳している。実は、If you look backward in this business, you'll be crushedは「隠れif …, then ～文」ともいえるものであり、you'llのwillがif …, then ～のthenの役割をしているのである。ジョブズは「後ろを振り向いたら必然的に負けてしまうのがIT業界」というメッセージをこの「隠れif …, then ～文」に込めているのだ。

最後に、ゴードン・ベル（アメリカの計算機工学者であり企業家）の著書『High-Tech Ventures』にある次のものを見てみよう。

```
if frustration is greater than reward
and greed is greater than fear of failure
and a new technology/product is possible then

begin
    exit (job);
    get (tools to write business plan);
    write (business plan);
    get (venture capital);
    start (new company)
    …
end;
```

（給料よりイライラの方が大きいのであれば、

そして、失敗への恐怖より欲の方が大きいのであれば、
さらに、新しく技術や製品を生み出せるのであれば、

仕事を辞め、
事業計画書を書くための道具をそろえ、
事業計画書を書き、
資金提供者を募り、
起業し、
……

ここにも if …, then ～が見られる。ゴードンは、起業する必要十分条件をプログラム形式で書いているのだ。シャレているだけでなくウイットに富んでいて、しかもロジカルでクールである。完璧である。

ビジネスで相手をロジカルに説得したいとき、チャンスがあれば if …, then ～を使ってみるといいだろう。

44

唯一無二の表現には不定詞を使うのが原則

宣伝文やスピーチにも盛り込みたい

The only way to do great work is to love what you do.

人は何でも比べたがる。比べないと物事を評価できない生き物である。最高にいいものと最低なものについてあれこれ語るのがこれまた好きだったりする。どんな点で最高なのか、そしてどんな点で最低なのか、それを英語でさらっというにはどうしたらいいだろうか。次の文を見てみよう。

(1) The best way to have a good idea is to have lots of ideas.
(いいアイデアを得るベストな方法、それはたくさんアイデアをもつことだ。)

これはアメリカの化学者ライナス・ポーリングのことばであるが、その通りである。とくに科学の分野では、アイデアは出したもん勝ちのところがある。50 ぐらいアイデアを出して、そのなかで 1 つでも生き残ればしめたもんである。

さて、そんな「ブレイン・ストーミング万歳！」的な名言であるが、上の名言で気をつけてもらいたいところ、それは、The best way to have a good idea のところである。best のように唯一無二的な表現があるときは、原則、不定詞節(つまり to 不定詞)で修飾しなければいけない(もちろん関係節で修飾することも可能)。「えっ、そんなの聞いたことないよ～」と思っているあなた、実は、これは高校ですでに教えてもらっているのである。受験英語で He is the last person to tell a lie(彼は嘘をつくような男じゃない)というのをやったことかと思うが、なぜここで to 不定詞が使われているかというと、それは、last という唯一無二の表現が使われているからだ。

似たような名言をもう 1 つ紹介しよう。

(2) The best way to make your dreams come true is to wake up.
(夢を叶える最良の方法、それは夢から覚めることだ。)

これはフランスの詩人ポール・ヴァレリーのことばであるが、詩人らしく、詩的であるとともにパラドキシカルな文になっている。何よりも「夢」を多義的に捉えているところが面白い。夢は寝ないと見られないが、でも、ヴァレリーのいうように、「夢」を叶えるには起きて行動に移さないといけない。

ちなみに、日本のバンドに「ドリームズ・カム・トゥルー」というのがあるが、英文(Dreams come true)がそのままバンド名になっている。しかも主語が複数形(dreams)だから三単現の s が動詞についていない。英語としても正しく、バンド名に夢がある。とても素晴らしいバンド名である。

唯一無二の表現は、best のようにいいイメージのものばかりでない。よくないイメージのものだってある。次の文を見てみよう。

(3) Artificial intelligence ‘could be the worst thing to happen

to humanity': Stephen Hawking warns that rise of robots may be disastrous for mankind
(人工知能は「人類に最悪の事態を起こしかねない」：ロボット開発が進むことにより人類の脅威となりうるとスティーブン・ホーキングは警告する。)

これは2014年5月2日付のMail Onlineにあった記事のタイトルであるが、ここではworstという唯一無二の表現が使われている。だからこそ、この唯一無二の表現を修飾するのにto不定詞が使われているのだ。

では、次の文を見てみよう。

(4) The only way to do great work is to love what you do.
(偉大な仕事をする唯一の方法、それは、今あなたがやっていることを好きになることだ。)

これはスタンフォード大学の卒業式で行われたスティーブ・ジョブズのスピーチの一節である。The only way to do great workでなぜto不定詞が使われているのかはもうおわかりであろう。onlyという唯一無二の表現があるからだ。

このジョブズのことばと内容的に似たものがいくつかある。2つほど紹介しよう。まず次のブライアン・トレーシー(ビジネスコンサルタントの権威)のことばを見てみよう。

(5) If you don't love what you do, you will never be

successful at it.
(あなたは自分がしていることを愛せないのであれば、その仕事で成功することはまずないであろう。)

ジョブズのスピーチでは強調の表現として only が使われていたが、このトレーシーのことばでは never が使われている。

では次に、ウィル・ロジャース(アメリカのお笑い芸人)のことばを見てみよう。

(6) If you want to be successful, it's just this simple. Know what you are doing. Love what you are doing. And believe in what you are doing.
(成功するのなんて簡単なことさ。自分のやっていることを理解し、そして愛し、さらに自分のやっていることを信じればいいのさ。)

it's just this simple を見ればわかるように、ここでは強調の表現として just this が使われている。

人は何でも比べたがり、そしてスゴいものを強調したがる。単純な生き物である。

45

前にあるものだけ指せる「that」、後ろのものも指せる「this」

this が出てきたら後ろの方も見てみよう

> *Rosenberg additionally noted — and I found this especially fascinating — that the authors mention the possibility that the timing of birth actually optimizes cognitive and motor neuronal development.*

代名詞が出てきたら、それが何を指しているのかいちいちチェックするようにしよう(42 節を参照)。それを怠ると正しく英文を解釈できなくなる。さて、**代名詞の this であるが、これは前に出てきたものだけでなくこれから出てくるものも指せる。一方、代名詞の that は前に出てきたものしか、原則、指せない。**代名詞の this が出てきたら、それが後ろにあるものを指していないか確認してみよう。

次の文を見てみよう。

(1) Let me also say this: The promotion of human rights cannot be about exhortation alone.
(これもいわせてください。人権というのは、声高らかにアピールするだけでは促進できないのです。)

これはオバマ大統領がノーベル平和賞を受賞したときの演説の一節

であるが、Let me also say this の this は直後のコロン以下の内容を指している。

同じく、オバマ大統領のノーベル平和賞受賞演説の一節を見てみよう。

(2) So part of our challenge is reconciling these two seemingly irreconcilable truths — that war is sometimes necessary, and war at some level is an expression of human folly.
(したがいまして、私たちがやらなければならないこと、それは、一見すると両立できない2つの真実を両立させることなのです。その2つとは、戦争は時に必要であり、戦争というのは、あるレベルで人間の愚かさを表しているものだということです。)

ダッシュの前の So part of our challenge is reconciling these two seemingly irreconcilable truths に代名詞の these がある。これはダッシュ以下の内容を指している。代名詞の this が前にあるものだけでなく後ろにあるものも指せるのなら、それの複数形である these も同じように、前にあるものだけでなく後ろにあるものも指せるのだ。

今度は、スティーブ・ジョブズのスタンフォード大学での卒業式の講演の一節を見てみよう。

(3) Having lived through it, I can now say this to you with a bit more certainty than when death was a useful but purely intellectual concept: No one wants to die.

(このように死を身近に感じたことにより、今では次のことを、死というのが純粋に知的な概念で便利なものであった頃に比べて、ある程度確信をもっていうことができます。誰も死にたくはないということを。)

I can now say this to you にある this は、(1)の this と同様に、文末にあるコロン以下の内容を指している。

では、次の文を見てみよう。

(4) Rosenberg additionally noted — and I found this especially fascinating — that the authors mention the possibility that the timing of birth actually optimizes cognitive and motor neuronal development.
(ローゼンバーグはさらに次のように付け加え、私はそれがかなり面白く感じるのだが、胎児が十《と》月《つき》十《とお》日《か》で生まれることによって、実際、認知ならびに運動神経の発達が最適化されるのだと著者らは指摘しているのだ。)

これは2012年11月号のScientific Americanにあった記事(Helpless by Design?)からの一節であるが、挿入句の and I found this especially fascinating にある this は、その後の that 節(that the authors mention the possibility that the timing of birth actually optimizes cognitive and motor neuronal development)を指している。つまり、当該の that 節は、Rosenberg additionally noted の noted の目的語であるとともに、I found this の this の指している内容で

あるのだ。

最後に、次の文を見てみよう。

(5) Like the chimpanzees he would bond us with, Darwin recognized the utility of sharing rewards with others.
(ダーウィンは私たち人間とチンパンジーを結びつけようとしていたのだが、そのチンパンジーと同様に、ダーウィンは、仲間とご褒美を分け合うことのメリットをちゃんとわかっていたのだ。)

これは2011年10月号のScientific Americanにあった記事(I've Got Your Back)からの一節であるが、意訳を見てもらえばわかるように、Like the chimpanzees he would bond us withにあるheは、後ろに出てくるDarwinを指している。**代名詞のthisだけでなくheのような人称代名詞も後ろにくるものを指せる**のだ。

代名詞が出てきたら、とにかく何を指しているかチェックしよう。そして、前に指せるものがなかったら後ろにないか探してみよう。とくに代名詞がthisや人称代名詞のときは。

46

熟語を単語に分解すると熟語の本質が見えてくる

「nothing but」は「nothing」＋「but」

While this is still nothing but a rumor until Amazon officially announces the new devices, we'd expect the new Kindle Fire tablet lineup to feature a faster CPU, more RAM, and hopefully a higher version of the Android operating system.

受験英語では、効率よく大学に受かるためという名目で、いろんな構文や熟語を教えこまされる。でも、実は、構文や熟語といったものはない。構文や熟語というものを意識している限り、英語をスラスラと、そして英語の語感を感じながら読むことはできないのだ。脱構文・脱熟語の境地に入って、はじめて英語をストレスフリーの状態で読んで書けるようになる。とはいうものの、私自身まだその境地に全然入っていないのだが……。

nothing but という「熟語」がある。受験英語では、nothing but ～ は「ただ～だけ」と訳せばいいと習ったりする。たしかに、それでも意味はとれるが、nothing を「何もない」という意味の名詞、but を「～以外」という意味の前置詞と捉えると、nothing but の本質が見えてくる。

あなたが男性であるとしよう。そして落としたい女性(英語ネイティブ)に「俺はお前だけが欲しいんだ」といって口説き落とすとしよう。そんなあなたは、I want nothing but you というセリフを立て板に水のごとくよどみなくいうことであろう。どもりながらいうよりスラスラいった方が落とせる確率はたしかに高い。でも、あえてスラスラいわないで、それでいて落とせる確率を確実に上げる方法がある。I want nothing といったら一息入れて、その後ゆっくりと but you というのである。つまり、「俺は何もいらないさ」「お前以外はな」といい、相手に「ああ、私だけが欲しいのね」と解釈させるのである。「俺はお前だけが欲しいんだ」と自分でいうのではなく、「私だけが欲しいのね」と女性の口からいわせるのである。

このような芸当ができるのも、nothing but を熟語としては捉えず、名詞の nothing と前置詞の but に分解したからだ。熟語を大事にしているようでは意中の女性を落とせないのだ。

ちなみに、I want nothing but you と同じ趣旨のことばに次のようなものがある。

(1) I've fallen in love many times … always with you.
(私はこれまで何度も恋に落ちた……いつもあなたにだったけど。)

これは読み人知らずの名無しの名言であるが、なかなかグッとくるものがある。いってみたいし、いわれてみたい。そんなセリフである。

さて、nothing but の正しい読み方がわかったところで、次の文を見てみよう。

(2) A business that makes nothing but money is a poor business.
(金儲けしかできないビジネスは貧しいビジネスだ。)

これはアメリカの企業家ヘンリー・フォードのことばであるが、まずは「お金以外何も生み出していない企業」と解釈するのがポイントである。こう解釈してから「金儲けしかできないビジネス」と再解釈するのだ。nothing but を解釈するには、この2段構えのスタイルが何よりも大事だ。

次の例を見てみよう。

(3) For example, conversations which take place over iMessage and FaceTime are protected by end-to-end encryption so no one but the sender and receiver can see or read them.
(たとえば、iMessage と FaceTime を使った会話だと、会話はエンドツーエンドで暗号化されているので、発信者と受信者以外の人はだれも会話を見ることも読むこともできないようになっている。)

これは2013年6月16日付のApple.comにあった記事(Apple's Commitment to Customer Privacy)からの一節であるが、no one but the sender and receiver can see or read themのところに注目してもらいたい。nothing butではなくno one butの形になっているが、ここでもbutが前置詞として、しかも「〜以外」の意味で使われている。したがって、「発信者と受信者以外の人はだれも会話を見ることも読むこともできない」とまずは解釈し、その後に頭の中で「発信者と受信者だけが会話を見て読むことができる」と再解釈するのだ。大事なことは、butを前置詞だと正しく認識し、「〜以外」の意味でまずは解釈することである。これをしないと書かれてあることのロジックを見失うことになる。
　では、次の文を見てみよう。

(4) While this is still nothing but a rumor until Amazon officially announces the new devices, we'd expect the new Kindle Fire tablet lineup to feature a faster CPU, more RAM, and hopefully a higher version of the Android operating system.
(アマゾンが正式に新製品について報告するまでは、これはまだ単なる噂にすぎないが、私たちは、新型の Kindle Fire タブレットがより速い CPU とより容量の多い RAM を搭載し、さらに願わくば、より高速のアンドロイドの OS を搭載したものになってくれればと思っている。)

これは 2013 年 7 月 9 日付の Into Mobile にあった記事(New Kindle Fire Tablets Rumored To Receive Screen-Res Bumps, Design Refresh)からの一節であるが、this is still nothing but a rumor のところに注目してもらいたい。nothing but a rumor を機械的に「ただ噂だけ」と訳しても構わないが、ここでもまずは「噂以外の何ものでもない」と解釈する。そしてその後に「噂にすぎない」と再解釈する。この 2 段階の解釈を経るのと経ないのでは、解釈の深みも訳の完成度もかなり違ってくる。
「～以外」の意味をもつ前置詞というと、but 以外にも except がある。よって、nothing but の他に nothing except という言い方もある。では、このことを踏まえて次の例を見てみよう。

(5) The terrorists thought they would change my aims and stop my ambitions. But nothing changed in my life except this: weakness, fear and hopelessness died. Strength, power and courage was born.
(テロリストたちは私の目的を変え、そして私の志をくじくことができるものと考えていました。でも、私の人生は何も変わりませんでした。弱さと恐れ、そして失望がなくなり、その代わりに強さと力、そして勇気が生まれたこと以外は。)

これはマララ・ユスフザイ氏(パキスタンの人権運動家・2014年ノーベル平和賞受賞)の国連本部での演説の一節であるが、ここではnothingとexceptが離れて使われている。型から外れた型破りな構文や熟語といったものはいくらでもある(25節と29節を参照)。こういった規格外のものにすぐに対処できるためにも、構文や熟語といった「型」からぼちぼち卒業する必要がある。

最後に、次の文を見てみよう。

(6) "Twenty years ago, we were nothing but now we have the best quality [phones] and our customers say we are the best," he said.
(「20年前、私たちは何者でもありませんでした。でも今は、私たちは最高の品質を誇るもの(電話)をもち、そして私どもの顧客はそれを認めてくれています」と彼はいった。)

これは2013年6月18日付のThe Financial Timesにあった記事

(Huawei open to Nokia deal but says Windows mobile remains weak)からの一節であるが、文中に nothing but がある。一見するといわゆる熟語の nothing but のように見えるが、これはそうではない。この but は前置詞ではなく接続詞である。このような偽装熟語を見破ることができるためにも、単語の品詞がちゃんと見破れるようでないといけない。**単語の意味を知っておくのも大事だが、品詞が何かを見極められることの方がずっと大事である。**

さて、駅のトイレでこんな注意書きを見かけたが、

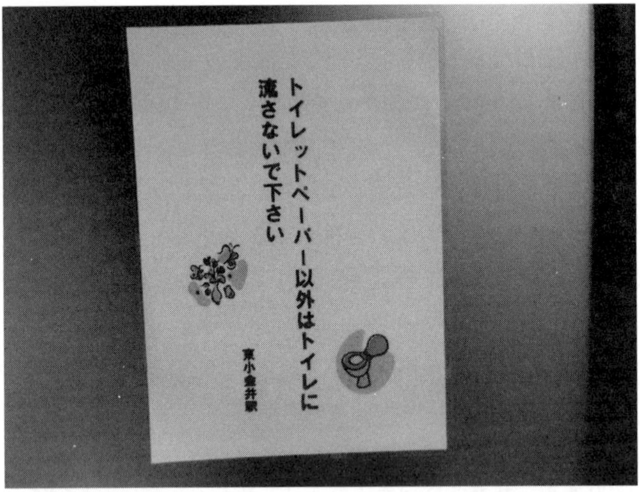
トイレットペーパー以外はトイレに
流さないで下さい
東小金井駅

これを英語にするとどうなるだろうか。nothing but ないし nothing except が使えたらたいしたもんだ。とはいうものの、Use toilet paper only と簡単に書くことができるが……。

あとがき

私は英語がしゃべれないし聞けない。しかも英語がそんなに好きでもないし、英語が特別得意なわけでもない。おまけに日本を一歩も出たことがない。そんな私であるが、大学では英語を教えている。一番教えちゃいけない人が英語を教えている。

私は普通の英語の教員にできることができない。その代わり、普通の英語の教員ができないことがそれなりにできたりする。たとえば、論文の叩き方を教えることであるとか、科学英語や時事英語の読み方を教えるといったことだ。

皆さんは、何のために英語を勉強しているのだろうか。そして私のような英語教員は何のために英語を教えているのだろうか。答えは１つしかないと思う。より多くの、そしてより高品質の情報を収集するためである。

情報収集のノウハウが身につかない英語の勉強や英語の授業は意味がないと思う。また、中途半端な英語力しかないためにちゃんと情報収集ができないようなら、英語は読まない方がいいとも思っている。実害の方がはるかに多いからだ。

私の英語の授業では、英語を教えているというよりは、英語を使っていかに情報と付き合っていったらいいかを教えている。私が学生に英語を教えてやる目的、それは、学生の情報収集能力をアップさせてやること、ただそれだけだ。それ以上でもそれ以下でもない。

英語の授業で英語しか教えないのは英語の授業で教えるべきことの半分もやっていないと思っている。まあ、昨今は、英語すら教えられない英語教師が多いようだが。

リーディングの授業で教えることといったら、いかに情報操作されないか、そのノウハウを教えることぐらいだ。同じように、ライティングの授業で教えてやれることといったら、英語を巧みに使って相手をいかにいいくるめるか、そのコツを教えてやることぐらいだ。

英語を教えるというのは、情報戦を生き抜くためのノウハウを教えてやることに他ならない。英語がわかるというのは、そして英語ができるというのは、英語で情報操作し、相手を意のままに操り、そして相手にだまされないようにすることだ。これを目標に置かない英語教育は意味がない。

私が英語の授業で教えることというと、情報収集に役立つ英文法ということになる。また、扱う記事にしても、情報収集に直結し、しかも英語の「今」を感じてもらえるものということで、時事的なものか科学的なものに限られる。

本書は、情報収集のために役立つ英文法をまとめたものとなっている。よって、本書の対象者は社会人となるが、学生や英語教師が読んでもいろいろ得るものがあるかと思う。とくに、受験英語と時事英語(ビジネス英語)のギャップであるとか、生の英語をちゃんと読むことの難しさを感じてもらえるのではないかと思う。

本書を執筆するにあたりたくさんの人にお世話になった。まず、A.T. カーニーの杉野幹人氏にお礼をいいたい。同氏とはお茶飲み友だちであるが、同氏との出会いがなければ本書の刊行は100%なかった。そのあたりのいきさつについてはお話しできないが、杉野氏には心から感謝する次第である。

私の共同研究者であり畏友でもある本田謙介氏と田中江扶氏にもお礼をいいたい。本書の原稿に目を通していただき原稿の不備を指摘してもらった。本書がプロの目に叶うレベルになったのもひとえに本田氏と田中氏のおかげである。

東京農工大学の高橋さくらさんと東京外国語大学の渡辺正雄くんにもお礼をいいたい。高橋さんと渡辺くんには草稿を読んでもらい、学生（つまり社会人予備軍）の立場からいろいろ感想をもらった。高橋さんと渡辺くん、ありがとう。

最後になるが、くろしお出版の斉藤章明氏と堀池晋平氏に心から感謝したい。斉藤氏には、原稿が１つできあがっては原稿を読んでもらいセクションタイトルを考えてもらった。堀池氏には「くろしおトークライブ」（ニコニコ生放送）でお世話になっているが、放送後に口にされた同氏の「くろしお出版もビジネスマン向けに英語の本出したいんですよね」ということばがなければ本書がくろしお出版から刊行されることはなかったであろう。斉藤氏と堀池氏には心から感謝する次第である。

いつものことながら、女房と息子、そして娘に感謝したい。ほんと、最低のお父さんでごめん。ほんと前向きに諦めてくれ。人生諦めることも大事だから。

本当に最後になるが、本書が日本の生涯英語教育の小さな改革になればと思う次第である。

行きつけの居酒屋でランチを食べながら

著者

著者紹介

畠山　雄二（はたけやま・ゆうじ）

1966年静岡県生まれ。東北大学大学院情報科学研究科博士課程修了。博士（情報科学）。現在、東京農工大学 准教授。専門は理論言語学。著書に『情報科学のための自然言語学入門:ことばで探る脳のしくみ』（丸善出版）、『ことばを科学する:理論言語学の基礎講義』（鳳書房）、『情報科学のための理論言語学入門：脳内文法のしくみを探る』（丸善出版）『理工系のための英文記事の読み方』（東京図書）、『英語の構造と移動現象：生成理論とその科学性』（鳳書房）、『科学英語読本：例文で学ぶ読解のコツ』（丸善出版）、『言語学の専門家が教える新しい英文法：あなたの知らない英文法の世界』（ベレ出版）、『科学英語の読み方：実際の科学記事で学ぶ読解のコツ』（丸善出版）、『科学英語を読みこなす：思考力も身につく英文記事読解テクニック』（丸善出版）、『理系の人はなぜ英語の上達が早いのか』（草思社）、『ことばの分析から学ぶ科学的思考法：理論言語学の考え方』（大修館書店）、『科学英語を読みとくテクニック：実際の英文記事でトレーニングする読解・分析・意訳』（丸善出版）がある。訳書に『うまい！と言われる科学論文の書き方：ジャーナルに受理される論文作成のコツ』（丸善出版）、『研究者のための上手なサイエンス・コミュニケーション』（東京図書）、『完璧！と言われる科学論文の書き方：筋道の通った読みやすい文章作成のコツ』（丸善出版）、『まずはココから！科学論文の基礎知識』（丸善出版）、『大学生のための成功する勉強法:タイムマネジメントから論文作成まで』（丸善出版）、『成功する科学論文：構成・プレゼン編』（丸善出版）、『成功する科学論文：ライティング・投稿編』（丸善出版）、『おもしろいように伝わる！科学英語表現19のツボ』（丸善出版）、『テクニカル・ライティング必須ポイント50』（丸善出版）、『実験レポート作成法』（丸善出版）がある。編著書に『言語科学の百科事典』（丸善出版）、『日本語の教科書』（ベレ出版）、『理科実験で科学アタマをつくる』（ベレ出版）、『大学で教える英文法』（くろしお出版）、『くらべてわかる英文法』（くろしお出版）、『日英語の構文研究から探る理論言語学の可能性』（開拓社）、『書評から学ぶ理論言語学の最先端（上）（下）』（開拓社）、『数理言語学事典』（産業図書）、『ことばの本質に迫る理論言語学』（くろしお出版）、『ことばの仕組みから学ぶ 和文英訳のコツ』（開拓社）がある。また、ニコニコ生放送の「くろしおトークライブ」でパーソナリティを務めている。

・ホームページ：

http://www.shimonoseki-soft.com/~hatayu/

大人《おとな》のためのビジネス英文法《えいぶんぽう》

発　行	2015年4月1日　第1刷発行
著　者	畠山雄二《はたけやまゆうじ》
装丁/本文レイアウト	折原カズヒロ
イラスト	ヤギワタル
発行所	株式会社　くろしお出版 〒113-0033 東京都文京区本郷 3-21-10 phone 03-5684-3389　fax 03-5684-4762 http://www.9640.jp/　e-mail: kurosio@9640.jp
印刷所	藤原印刷株式会社

ISBN 978-4-87424-647-4　C1082